mysterienbilder

Texte zu den Mysteriendramen Rudolf Steiners

projekt.zeitung

projekt.zeitung *mysterienbilder*
ISBN 978-3-941667-14-3

Impressum *der vierzehnten ausgabe | mai 2010*

projekt.zeitung | wichertstr. 44 | de-10439 berlin
info@projektzeitung.org | projektzeitung.org

verantwortlich Benjamin Kolass

redaktion dieser ausgabe Benjamin Kolass, Philipp Tok,
Jonas von der Gathen unter mitarbeit von Johann Sommer u.a.

herstellung im zusammenspiel mit der goetheanum-bühne

verlag mercurial publikationsgesellschaft mbh
alt-niederursel 45 | 60439 frankfurt am main

druckerei dressler | berlin

dank an das rudolf steiner archiv
und die kunstsammlung am goetheanum
für die unterstützung mit archivmaterial

ein projekt des zwischenzeit e.v., finanziert durch
private spenden, kooperationen und abonnenten
spenden kto 4 018 487 900 | blz 430 609 67 | gls bank

editorial | Die Frage, woraus wir Motive unseres Denkens und Handelns schöpfen, beschäftigt uns seit Beginn des projekt.zeitung. Wir fragten nach Identität, nach dem Ursprung des Wissens, wir sammelten Bilder junger Menschen, deren Begegnung uns inspiriert, wir beobachteten den Moment, in dem unser Blick das Bild der Welt erschafft. Jetzt führt uns die Frage zu einem Autor, der vor hundert Jahren, aus den Märchenbildern Goethes, eine Bilderwelt in vier Dramen schuf, in einer Zeit, in der zwei große Erzählungen, die Bibel und die antike Mythologie, als Grundlage der europäischen Bildung verschwanden; inmitten des Aufbruchs der Moderne, kurz vor dem ersten Weltkrieg. — Für diese vier ›Mysteriendramen‹ wurde ein Haus gebaut, um sie vereinten sich viele tausend Menschen. Hundert Jahre später werden sie immer noch – und wieder neu – in ihrem Haus gespielt. Ihre Bilder schöpfen aus dem Mysterium, dem ›Unaussprechlichen‹, aus dem Bildeprinzip menschlichen Zusammenlebens, dem Schicksal. Seine Fäden klingen in wiederkehrenden Wortmotiven der Figuren und zeigen, wie die Begegnung von Mensch zu Mensch Quelle neuer Bilder ist. — Angeregt von der Goetheanum-Bühne haben wir die folgenden Texte versammelt. Sie entstehen aus dem Eintauchen in die Rätselhaftigkeit der Bühnen-Bilder, aus leise geahnten Bezügen und Entdeckungen. Benjamin Kolass

autoren vitas ab seite 126

vitas ab seite 126

ANNA INDERFURTH | BENJAMIN KOLASS | BODO V. PLATO | CHRISTINE BAUR | CLAUDIUS WEISE
CORINNA GLEIDE | CURRO CACHINERO | DIRK KRUSE | ELISABETH TARABA | FAYE SHAPIRO | GOTTFRIED STOCKMAR
HEINZ ZIMMERMANN | JANA WÜRKER | JOHANN SOMMER | JOHANN W. GOETHE | JOHANNA FRIEDERICHS
JOHANNA TARABA | JOHANNES NILO | JOHANNES VOIGT | JONAS VON DER GATHEN | JOSTEIN SÆTHER
KAI RASMUS NISSEN | MECHTILD OLTMANN | MONIKA CLÉMENT | NATASCHA NEISECKE | PABLO GRASSI
PAUL MACKAY | PHILIP KOVČE | PHILIP STOLL | PHILIPP TOK | ROBIN SCHMIDT | ROLAND HALFEN
THOMAS PARR | VERA KOPPEHEL | WILFRID JAENSCH | WOLF-ÜLRICH KLÜNKER | WOLFGANG HELD

ab seite 7 *bogen*

Aus Märchenmächten werden Lebensschicksale. Claudius Weise zeichnet in seiner ›Theorie des Mysteriendramas‹ einen Entwicklungsbogen von den antiken Dionysos-Spielen über das Heldendrama bis zum Schauspiel der Moderne. Er führt zu ursprünglichen Fragen des heutigen Menschseins.

ab seite 27 *figuren*

Die Gestalten der Dramen sind eng verbunden, der Schritt des einen führt zur Wendung aller anderen. Zugleich birgt jede Figur ihren eigenen Kosmos. Wir haben verschiedene Autoren gebeten, in je 1000 Zeichen eine Figur zu porträtieren. Daneben orientieren ›biografische‹ Notizen. Zu den zwölf Bauern bzw. Bürgern haben jüngere Autoren je 500 Zeichen geschrieben.

ab seite 83 *momente*

Unseren Kalender, die ›Vor- und Rückblicke zur Gegenwart‹, haben wir diesmal um Momente und Geschichten zur Entstehung der Mysteriendramen erweitert: Gefallene Engel, lebensrettende Stipendien, langhaarige Theosophen und andere Rätsel. Wie gewohnt finden sich Erlebnisberichte und Ankündigungen zu kommenden und gehenden Veranstaltungen. Einziges Ordnungsprinzip: Chronologie.

ein spiel ist das drama; ein spiel vom menschen
und vom schicksal; ein spiel, wo gott der zuschauer ist.

Georg Lukács Metaphysik der Tragödie

bogen

Claudius Weise

Zur Theorie des Mysteriendramas

I. Die Wiedergeburt der Mysterien

Rudolf Steiners Mysteriendramen scheinen wie vier versprengte Blöcke aus der Literatur ihrer Zeit herauszuragen, allenfalls spärlich umrahmt von den Versuchen Edouard Schurés und Albert Steffens. Doch dieser Eindruck täuscht. In Wirklichkeit erlebte das Mysteriendrama kurz vor dem Ersten Weltkrieg eine Wiedergeburt, vor deren Hintergrund Steiners Dramen geradezu als ein Produkt ihrer Zeit gelten können.

Das wird allein schon daran deutlich, daß in dem Zeitraum ihrer Entstehung, 1910 – 13, auch eine Reihe anderer Autoren vergleichbare Dramen verfaßte. Die größte Wirkung hatte dabei der Dichter Karl Vollmoeller mit seinem Mysterienspiel ›Das Mirakel‹, 1911. Vertont von Engelbert Humperdinck und inszeniert von Max Reinhardt feierte diese pantomimische Darstellung eines Marienwunders in aller Welt erstaunliche Triumphe. Weniger erfolgreich war der ungarische Schriftsteller Belá Bálazs, der 1910 – 12 drei ›Mysterien‹ vorlegte. Keines dieser Stücke konnte sich auf der Bühne etablieren, doch eins von ihnen, ›Ritter Blaubarts Burg‹, brachte es als Libretto der einzigen Oper Belá Bártoks immerhin zu musikhistorischer Bedeutung. Andere Beispiele sind Franz Werfels ›Die Versuchung.

Ein Gespräch des Dichters mit dem Erzengel und Luzifer‹, 1913, Eduard Stucken mit seinem 1902 – 1913 entstandenen Zyklus von Gralsdramen und Alfred Mombert mit der ›Aeon‹-Trilogie, 1907 – 11. Sogar Frank Wedekind schuf 1912 mit dem Emanzipationsdrama ›Franziska‹ nach eigener Auskunft ein ›modernes Mysterium‹. Und auch der 1911 vollendete ›Jedermann‹ Hugo von Hofmannsthals gehört, als Bearbeitung eines englischen Morality Play aus dem 15. Jh., zur Gattung des Mysteriendramas. Daß eine beträchtliche Zahl weiterer Dramen hinzukommt, wenn man den Zeitrahmen nur etwas weiter faßt, kann man sich denken.

Diese auffällige Konzentration von Mysterien, Mysterienspielen und -dramen war natürlich kein Zufall. Denn das Drama befand sich damals schon seit längerem in einer Krise, deren Symptom ein verwirrendes Nebeneinander von Stilformen bildete: Naturalismus, Realismus, Symbolismus, Ästhetizismus, Neuromantik und Neuklassizismus, Vorformen des Expressionismus, Historiendramen verschiedenen Zuschnitts und Konversationsstücke – all dies bestand zugleich und wechselte in regelloser Folge einander ab. Wo derartige Unklarheit über den Weg in die Zukunft herrscht, erwacht meist das Bedürfnis, aus der Vergangenheit Orientierung zu ziehen, und so lag denn der Wiedergeburt des Mysteriendramas die Überzeugung zugrunde, daß nur ein Gang zu den Quellen des Dramas dessen Probleme zu lösen vermag. Daß aber diese Quellen in den griechischen Dionysos-Mysterien zu finden sind, daran hatte schon Friedrich Nietzsche mit seiner Schrift ›Die Geburt der Tragödie aus dem Geiste der Musik‹ 1872 höchst eindrucksvoll erinnert.

›Unter dem Zauber des Dionysischen‹, schreibt Nietzsche, ›schließt sich nicht nur der Bund zwischen Mensch und Mensch wieder zusammen: auch die entfremdete, feindliche oder unterjochte Natur feiert wieder ihr Versöhnungsfest mit ihrem verlorenen Sohne, dem Menschen. [...] Jetzt, bei dem Evangelium der Weltenharmonie, fühlt sich jeder mit seinem Nächsten nicht nur vereinigt, versöhnt, verschmolzen, sondern eins, als ob der Schleier der Maja zerrissen wäre und nur noch in Fetzen vor dem geheimnisvollen Ur-Einen herumflattere. Singend und tanzend äußert sich der Mensch als Mitglied einer höheren Gemeinsamkeit: er hat das Gehen und das Sprechen verlernt und ist auf dem Wege, tanzend in die Lüfte emporzufliegen. [...] Als Gott fühlt er sich, er selbst wandelt jetzt so verzückt und erhoben, wie er die Götter im Traume wandeln sah.‹ Solche Passagen wurden zwar von der altphilologischen Zunft als zu spekulativ abgelehnt. Aber gerade dort, wo Nietzsche die Grenzen der akademischen Wissenschaft hinter sich lässt, wird er durch Steiners Forschungen bestätigt:

›Der Grieche erlebte noch deutlich, wenn auch schwächer als die Menschen älterer Zeiten, in Quelle, im Fluß, im Berg, im Baum das Geistig-Seelische. Aber zu gleicher Zeit konnte er absehen von dem Geistig-Seelischen, auch das Tote in der Natur erleben und ein Selbstgefühl haben.‹ Doch wurde dieses Selbstgefühl, laut Steiner, als durchaus zwiespältig erlebt, man ›fühlte das wie eine Art seelischen und leiblichen Erkrankens, nur die tote Natur anzuschauen. Man empfand das lebhaft in älteren griechischen Zeiten, daß einen das Tagesgeschehen krank macht, daß man etwas braucht, wodurch man wieder gesund wird: und das war die Tragödie.‹ Denn die Tragödie vermittelte eben jenes Gefühl einer höheren Gemeinsamkeit, das durch das erwachende Selbstgefühl zurückgedrängt wurde: ›Wenn man sein Ich fühlt, dann wird die Welt entgöttert. Das Schauspiel führt wieder den Gott vor, denn es war im wesentlichen ein Vorführen der göttlichen Welt und des Schicksals, das selbst die Götter erdulden müssen, also ein Vorführen dessen, was hinter der Welt als Geistiges sich geltend macht.‹

Was nun den konkreten Inhalt der Tragödie angeht, so bezeichnet es Nietzsche ›als eine unanfechtbare Überlieferung, daß die griechische Tragödie in ihrer ältesten Gestalt nur die Leiden des Dionysus zum Gegenstand hatte, und daß der längere Zeit hindurch einzig vorhandene Bühnenheld eben Dionysus war‹. Und Steiner berichtet, daß in der Tragödie ursprünglich gezeigt wurde, wie sich der Gott Dionysos ›aus den geistigen Kräften herausarbeitete und an die Oberfläche der Erde drang‹, um zu erfahren, ›was es hieß, unter Wesen zu leben, welche durch den Tod gehen. Er lernte den Tod nicht an sich selbst erleben, aber er lernte ihn anschauen. Man fühlte, da ist der Gott Dionysos, der tief leidet unter den Menschen, weil er den Anblick haben mußte von alledem, was die Menschen erleiden. Es war nur eine einzige Wesenheit auf der Bühne zunächst, der Gott Dionysos, der leidende Dionysos, und um ihn herum ein Chor, der da rezitierend sprach, damit die Leute es

im drama wird die weltanschauung zum technischen problem

hören konnten, was in dem Gott Dionysos vorging. [...] Nach und nach nur wurden dann aus der einen Person, die den Gott Dionysos in den älteren Zeiten darstellte, mehrere Personen, und dann aus dem einen Schauspiel das spätere Drama.‹

Im späteren Drama erscheint also Dionysos nicht mehr als Protagonist, sondern, laut Nietzsche, ›in einer Vielheit der Gestalten, in der Maske eines kämpfenden Helden und gleichsam in das Netz des Einzelwillens verstrickt‹, doch bleibt er auch in dieser Form ›der leidende Dionysus der Mysterien, jener die Leiden der Individuation an sich erfahrende Gott‹. Der Gott erscheint in den Individuen, und umgekehrt leuchtet in diesen das Göttliche auf. Somit könnte man sagen, daß die Tragödie ursprünglich um das Motiv eines sich mit der Materie verbindenden geistigen Wesens kreist - sei es nun der Gott Dionysos oder das Ich eines Menschen. In jedem Fall wird diese Verbindung aufgrund der Todeskräfte, die der Materie innewohnen, als leidvoll erlebt. Doch zugleich wird im Betrachter ein Gefühl der Versöhnung bewirkt: in der älteren Tragödie dadurch, daß ihm durch das Auftreten des Gottes das Geistig-Seelische unmittelbar vor Augen geführt wird, und in der späteren dadurch, daß der Held seinen Wesenskern durch die tragische Handlung verwirklicht.

II. Begriff und Krise des Dramas

Indem das Schicksal, das er in der Welt erfährt, sein Ich zum Ausdruck bringt, überwindet der tragische Held jene Trennung von Ich und Welt, unter der auch die Zuschauer leiden. Die Handlung der Tragödie ist, wie der Philosoph Georg Lukács sagt, ›das Schicksal des Helden, und der Held ist immer identisch mit seinem Schicksal, er wird gerade in seinem Schicksal wirklich das, was er ist‹. Das Ende der Handlung ist seine Vollendung. Deshalb kann die versöhnende Wirkung der Tragödie auch durch den Tod des Helden nicht zerstört werden, sie wird vielmehr erhöht, weil dadurch sinnfällig wird, ›daß dieses isolierte Geschehen ein in sich geschlossenes, vollkommenes Ganzes, das ganze Leben‹ ist.

Philosophisch gesprochen ist also der Inhalt der Tragödie die Entelechie ihres Helden. Das trifft auch für die Komödie zu, nur mit dem Unterschied, daß die Tragödie tugendhafte, starke Menschen zeigt, die trotz größter Anstrengung an den objektiven Verhältnissen zerschellen, während die Komödie lasterhafte, schwache Menschen vorführt, die sich über dieselben mit unwahrscheinlicher Leichtigkeit hinwegsetzen. Gemeinsam ist beiden Gattungen des Dramas, daß am Beginn ein bewußter Entschluß steht – mit dem Wort ›drama‹ wird denn auch im Griechischen die absichtsvolle Tat bezeichnet. Somit ist der Held des Dramas, wie Lukács sagt, ›ein Mensch, der mit seiner Tat identisch ist, es verbleibt nichts in ihm, was seine Tat nicht auslösen würde und was nicht seine Tat aus ihm auslösen würde: er ist ein Mensch, der mit der ganzen Fläche seines Wesens sein Schicksal berührt, in dem es also nichts – künstlerisch – Unerlöstes gibt, nichts, was seine große Begegnung mit seinem Schicksal nicht zu Musik machen würde‹.

Dieser Zusammenklang von Mensch und Schicksal setzt aber voraus, daß die Welt, der das Ich des Helden gegenübersteht, selbst ichhafte Züge trägt, weshalb die ›Werkwirklichkeit‹ des Dramas, um den Literaturwissenschaftler Peter Szondi zu zitieren, ›aus der Wiedergabe des zwischenmenschlichen Bezuges allein‹ aufgebaut wird. Menschen stehen Menschen gegenüber, und auch die Götter müssen menschliche Gestalt annehmen, wenn sie im Drama zur Erscheinung kommen sollen. Hier gibt es keine tote Materie, keine blinde Naturgewalt, nicht einmal stumme Kreatürlichkeit, denn alles ist durchgeistigt und beseelt, spricht sich aus und gibt Antwort. Nur deshalb ist das Drama jene ›in sich geschlossene, aber freie und in jedem Moment von neuem bestimmte Dialektik‹, in der sich Protagonist und Antagonist, Spieler und Gegenspieler, dramatisches Subjekt und dramatisches Objekt gegenüberstehen und alles aus diesem Gegenüberstehen heraus entwickelt wird.

Was allerdings in diese Sphäre des zwischenmenschlichen Bezugs gehört, das ist nicht selbstverständlich, sondern eine weltanschauliche Frage, weshalb man sagen kann: im Drama wird die Weltanschauung zum technischen Problem. Dabei spielt es keine Rolle, welchen Inhalt eine Weltanschauung hat, es sind an sie, laut Lukács, ›nur formale Forderungen zu erheben, es kann an sie nur die Frage gestellt werden, ob sie – nachdem sie ein Element des Dramas ist, das die Konstruktion zusammenhält – für diese Aufgabe geeignet ist oder nicht und inwieweit sie dazu geeignet ist‹. Das ist der Grund, weshalb das Drama mit dem Beginn des bürgerlichen Zeitalters in eine Krise geriet, von der es sich bis heute nicht erholt hat. Denn einerseits wurde durch den Siegeszug des materialistischen Weltbilds die Vorstellung einer beseelten, durchgeistigten Welt bis an der Rand der Auslöschung zurückgedrängt, und andererseits nahm die Gesellschaft eine Form an, in der es immer weniger auf Individuen und immer mehr auf Institutionen ankommt.

Niemand hat seinerzeit dieses Problem besser beschrieben, als Lukács in seiner 1906/07 entstandenen ›Entwicklungsgeschichte des modernen Dramas‹. Die politische und wirtschaftliche Entwicklung der modernen Gesellschaft, erklärt er hier, weise ›durchwegs dieselbe Tendenz auf: die Entpersönlichung, eine auf die Zurückführung der Qualitäts- zur Quantitätskategorie zielende Entwicklung. Und demgemäß und parallel damit entwickelt sich auch die Welt- und Lebensanschauung der Menschen derart, daß sie alles auf vollkommen objektive, mit nichts Menschlichem verknüpfte Gesetzmäßigkeiten zurückzuführen geneigt ist.‹ Aber gerade weil in der Realität eine allgemeine Entpersönlichung stattfindet, wird die Entfaltung der Persönlichkeit zum Ideal erhoben: ›Früher war das Leben selbst individualistisch, jetzt sind es die Menschen; oder mehr noch ihre Überzeugungen, ihr Lebensprogramm. Ehemals betonte die Ideologie die Gebundenheit, indem die Menschen ihr Eingestelltsein in Bindungen natürlich und als der Weltordnung eigentümlich empfanden. Und andererseits bot ihnen jede Einzelheit des konkreten Lebens Gelegenheit, ihre Persönlichkeit durch ihre Taten in die Dinge einströmen zu lassen.‹

Diese Gelegenheiten bietet die moderne Gesellschaft immer weniger, und so bleibt die Persönlichkeit ›nur innerlich, nur seelisch, und die Tatsachen werden derart abstrakt und uniform, daß eine wahre Berührung zwischen beiden unmöglich wird. Die Tatsache, die sich in der Außenwelt manifestierende Aktion, kann den ganzen Menschen nicht in Anspruch nehmen, und er vermag nicht zu einer Tat zu kommen, in welcher dieser sich offenbaren könnte.‹ Anders gesagt: ›Das innerste Zentrum des Charakters und der Punkt, an welchem Mensch und Schicksal sich begegnen, fallen nicht notwendig zusammen‹, der Mensch wird sogar gezwungen, sich vor dem Schicksal zurückzuziehen, weil es zu etwas geworden ist, das ihn ›langsam erdrückt, langsam aufsaugt‹. Die Folge ist ein Rückzug auf das bloße Selbstbewußtsein: ›Die Tatsachen sind imstande, die Persönlichkeit aufzusaugen, diese aber hat – vermöge ihrer Verinnerlichung – die Möglichkeit, jeder einzelnen Tatsache zu entfliehen, ihr auszuweichen, in keinerlei Berührung mit ihr zu kommen.‹

So fällt das Drama auseinander: entweder bleibt der Charakter des dramatischen Helden rein innerlich und kann lediglich durch ein Sichaussprechen, ein lyrisches Verströmen dieses Inneren dargestellt werden; oder das Schicksal wird in die im Grunde nur episch zu schildernden Tatsachen veräußerlicht, denen der Held ausgesetzt ist. Das ergibt einerseits Dramen, deren

Figuren fein und tief gezeichnet sind, in denen aber die gesellschaftlichen Zusammenhänge nur eine Kulisse bilden; und andererseits solche, die zwar Einblick in die Beschaffenheit der Gesellschaft gewähren, dies aber um den Preis erkaufen, daß sie von bloßen Exemplaren einer Gattung, von Repräsentanten einer Gruppe oder Schicht bevölkert werden. Und dort, wo es noch Handlung gibt, zumeist in Actionfilmen, sind selbst die Helden wandelnde Klischees, denn auch ihnen sind ihre Taten so äußerlich, daß sie sich darin nicht verwirklichen können und vielmehr froh sein dürfen, sie zu überleben.

Doch Lukács bleibt nicht bei der bloßen Analyse stehen. In der ›Entwicklungsgeschichte‹ weist er allerdings nur in die Richtung, in der ein Ausweg zu finden ist: ›Der einzige Weg für die Lösung des Stilproblems liegt in der Lösung des Schicksalsproblems.‹ Denn es geht darum, ›daß im Drama – in diesem mystischen Spiel zwischen dem Menschen und seinem Schicksal – die nur irgendwo jenseits der Wirklichkeit existierende, in der Empirie der konkreten Ereignisse nicht deutlich aufweisbare, durch diese aber dennoch hindurchschimmernde Ausgleichung der tragischen Schuld und Sühne zu finden sei‹. Das ist aber nur möglich, wenn die Seele des Menschen ›von Anbeginn an oder im Augenblick der tragischen Begegnung die Beziehung zwischen sich und ihrem Schicksal erkennt‹.

III. Metaphysik der Tragödie

Wie diese Beziehung wiederhergestellt werden könnte, erläutert Lukács in seinem 1910 entstandenen Essay ›Metaphysik der Tragödie‹. Zwar gibt Lukács zu, daß ›die Natur und das Schicksal nie so schreckenhaft seelenlos waren wie heute, weil nie die Menschen so allein ihre verlassenen Wege betraten‹, doch erhofft er sich gerade aus diesem Zustand der Gottverlassenheit eine Wiedergeburt der Tragödie. Voraussetzung dafür ist allerdings, daß alles aus den Menschen selbst heraus entwickelt wird. Das Drama ›Brunhild‹ des neuklassischen Dichters Paul Ernst rühmt er als ein gelungenes Beispiel: ›Nackte Seelen halten hier mit nackten Schicksalen einsame Zwiesprache. Beiden ist alles entrissen, das nicht ihr innerstes Wesen ist; alle Beziehungen des Lebens sind vertilgt, um die Schicksalsbeziehung herstellen zu können.‹ Um aber eine solche Beschränkung auf das Wesentliche leisten zu können, müssen die Menschen erkennen, wo ihre Grenze ist, denn das ›Erleben der Grenze ist das zum Bewußtsein, zum Selbstbewußtsein Erwachen der Seele: sie ist, weil sie begrenzt ist; ist nur, weil und insofern sie begrenzt ist‹. Und das erfordert wiederum ein neues Verhältnis zur Welt und zu dem, was der Seele von außen als Schicksal begegnet:

›Der Mensch weiß um sein Schicksal, und dies sein Wissen nennt er: Schuld. Und dadurch, daß er als seine Tat empfindet, was ihm geschehen mußte, umreißt er mit starker Kontur alles in sich, was zufällig in den fließenden Umkreis seines zufälligen Lebenskomplexes geraten ist. Er macht es notwendig; er schafft Grenzen um sich; er schafft sich. [...] Durch die Schuld [...] sagt der Mensch Ja zu allem, was ihm geschehen ist, und weil er es als seine Tat empfindet, erobert er es und formt sein Leben, indem er seine Tragödie, die aus seiner Schuld entsprossen ist, als Grenze zwischen seinem Leben und das All setzt. Und die hohen Menschen umgrenzen mehr als die niederen und lassen nichts los, das einmal ihrem Leben gehört hat: darum haben sie die Tragödie als ihr Vorrecht. Für die niederen gibt es Glück und Unglück und Rache, weil sie die anderen immer als schuldig empfinden; weil für sie alles nur von außen kommt und ihr Leben nichts in sich verschmelzen kann, weil um ihr Leben keine Grenzen gezogen sind, und weil sie untragisch sind und ihr Leben ohne Form. Für den einen aber der hohen Menschen ist die Schuld des anderen – und vernichte sie ihn selber – immer nur Schicksal. Das ist ein tiefes Mysterium von Schuld und Verstrickung und Schicksal.‹

Der Philosoph Ernst Bloch, zu jener Zeit mit Lukács eng befreundet, macht in seinem 1915 – 17 verfaßten Frühwerk ›Geist der Utopie‹ die treffende Beobachtung, die hier entwickelte Auffassung des Schicksals sei ›überhaupt merkwürdigerweise nur als eine Art von Karmalehre denkbar, wonach dann allerdings jedes Leben immanent sinnvoll und homogen gemacht werden kann, sofern hier eben der gesamte gleichgültige, sinnfremde Kausalnexus des Schicksals auf unseren präexistenten Kern hin sinnhaft vertieft und bezogen werden kann‹. Allerdings weist Bloch die Möglichkeit zurück, ›daß sich das Sterben zum wesenlosen Übergang zwischen Hier und Dort verwandelt, um übertragisch das Dort schon in das Hier hereinscheinen zu lassen‹. Wenn nämlich das Licht des Übersinnlichen in das Dunkel der materiellen Welt hereinleuchtet, dann verliert der Tod seinen Schrecken, weil sich das Sterben als ein bloßer Übergang von einer Stufe des Lebens zur nächsten enthüllt. Dann gibt es weder Ende noch Vollendung, sondern eine unabsehbare Entwicklung zu höheren Daseinsformen, und damit auch keine Tragödie mehr.

So weit möchte Bloch nicht gehen. Doch stehen er und Lukács bereits an der Schwelle zu einer theoretischen Begründung des Mysteriendramas. Lukács sagt immerhin ausdrücklich, es sei ›jede wahre Tragödie ein Mysterium. Eine Enthüllung Gottes vor Gott ist ihr wirklicher innerer Sinn. Der ewig stumme, immer unerlöste Gott der Natur und des Schicksals entlockt hier die im Leben verstummten Töne des Gottes, der im Menschen schläft; der immanente Gott erweckt den transzendentalen zum Leben.‹ Das heißt nichts weniger, als daß durch die Tragödie das Göttliche im Menschen und in der ihn umgebenden Natur wieder zu Bewußtsein gebracht werden soll – was ihre Aufgabe ja auch ursprünglich war. Und Bloch, der diese Passage im ›Geist der Utopie‹ wortwörtlich wiederholt, weist dementsprechend darauf hin, daß eine Welt, in der es möglich ist, jedes bedeutsame Ereignis im Leben eines Menschen auf dessen Wesenskern zu beziehen, ›als leise positiv gottgeladen‹ vorausgesetzt wird, sodaß die ›Lukácssche Immanenz der Tragödie in eben dieser scheinbaren Selbstvollendungsform irgendwie zu einer ihr ganz unadäquaten Transzendentalphilosophie der Freundlichkeit und Gottfülle des Daseins hinausführt‹.

Unadäquat ist aber hier in Wahrheit nur die intellektuelle Scheu vor einer Weltanschauung, die hinter den sinnlichen Erscheinungen eine übersinnliche Welt erkennt und hinter dem äußeren Schicksal das Walten des Karmas. Denn dem Menschen stößt in der entpersönlichten Welt unserer Zeit so vieles zu, das er selbst offenbar nicht verursacht hat und nicht einmal beeinflussen kann, daß nur ein vorgeburtlicher Entschluß, sich in eben diese objektiven Verhältnisse hineinzubegeben, überhaupt noch einen Zusammenhang von Schicksal und Wesen herzustellen erlaubt. Daß es eines bewußten Entschlusses bedarf, um das Leben des modernen Menschen sinnvoll zu machen, ist eine der richtigen Erkenntnisse des Existentialismus, nur daß hier dieser Entschluß auf eine finstere Sinngebung des Sinnlosen hinausläuft. Eine Tragödie im strengen Sinn, wo der Tod eine absolute Grenze darstellt, wo Ende und Vollendung eins sind, eine solche Tragödie kann heutzutage allerdings nur unter der Voraussetzung eines existentialistischen Weltbilds entstehen. Wenn hingegen die Welt doch nicht ganz gottleer und sinnlos gedacht wird, dann muß die Grenze des Todes gesprengt werden – und damit auch der Begriff der Tragödie.

IV. Vom Märchen zum Drama

Es war deshalb nur folgerichtig, daß Lukács von diesem Begriff wieder Abstand nahm. Im Frühjahr 1911 erschienen zwei Aufsätze – ›Das Problem des untragischen Dramas‹ und ›Hauptmanns Weg‹ – mit denen er eine ganz neue Richtung einschlug. Ihren Aus-

gangspunkt bildet die Frage: ›Sind denn der tragische Mensch und das tragische Schicksal (die notwendigen Postulate der zu Ende gedachten dramatischen Form) wirklich Gipfelpunkte des menschlichen Seins? Ja, sind sie für Menschen, die aus der Dumpfheit und der Raserei der Instinkte ganz ins Bewußte hinaufgelangt sind, überhaupt wertvoll und von Bedeutung?‹ **Schon in der ›Entwicklungsgeschichte‹ hatte Lukács darauf hingewesen, daß es neben der Restauration der Tragödie noch ein anderes Ziel geben könnte, nämlich** ›die Entfernung von ihr in Richtung eines aus stark sinnlichen Bildern und tief lyrischen Stimmungen gebildeten Lebensmysteriums‹, **das jenen Dramen verwandt ist, die sich in früheren Epochen** ›mit der Erschöpfung der großen dramatischen Dichtungen eingestellt hatten‹ - **namentlich der sogenannten ›Romance‹, die auf Shakespeare folgte und der auch dessen letzte Dramen zugeneigt hätten. Diesem Ziel wendet er sich jetzt konsequent zu.**

Für die Einordnung von Steiners Mysteriendramen in die allgemeine Geistes- und Literaturgeschichte ist es außerordentlich erhellend, wie Lukács dieses ›untragische Drama‹ charakterisiert: ›Es handelt sich um eine Annäherung des Dramas an das Märchen. Im Märchen geht alles gut aus – vorläufig ist für uns auch von dieser Form nur der notwendig ›untragische‹ Ausgang gegeben – in der ›Romance‹ (mit diesem Namen will ich hier das untragische Drama bezeichnen) wird das Schicksal überwunden. [...] Das Märchen, als vollendete Form, ist par excellence antimetaphysisch, untief, rein dekorativ. Die Anknüpfung des Dramas an das Märchen bringt es – in einer bewußteren, philosophischeren und weniger religiösen Weise – in das Metaphysische zurück: aus dem Tatbestand des Lebens wird hier eine neue Notwendigkeit, aus dem Märchenerlebnis ein Schicksalserlebnis, aus den Märchenmächten werden Lebensschicksale, aus dem pflanzenhaften Ausgeliefertsein der Gestalten an äußere Mächte wird die resigniert überwindende, unüberwindliche Lebensgeste des Weisen. [...] Das Märchen konnte eine schöne Oberfläche bleiben, weil seine Gestalten in den Geschehnissen nur figurierten, aber sie nicht erlebten; die ›Romance‹ hingegen schafft Menschen, muß also eine Psychologie und Kosmologie haben. Das wichtigste Prinzip der Gestaltung ihrer Welt ist die fließende Grenze, die jedes Ich umgibt, die es von den andern und der Welt trennen sollte; die Psychologie der ›Romance‹ spricht stets von der Durchbrechung des Ichs. Ob hier der Wiedergeburtsgedanke der Inder hineinspielt, ob jene seltsamen, zu Kobolden gewordenen Leidenschaften ihr Spiel treiben, wie es Shakespeare liebte, oder ob es noch andersgeartete Möglichkeiten gibt, kann hier nicht erörtert werden. Wichtig ist nur, daß die Menschen überall das statuarisch Feste und Insichgeschlossene der Tragödien-Menschen verloren haben, daß sichtbare und unsichtbare Leitungen ihre Inhalte ineinander und in die Welt, die sie umgibt, hinüberströmen lassen. [...] Hier trennt sich am schärfsten das Weltbild der ›Romance‹ von dem der Tragödie. Beide umspannen die ganze Welt und ziehen die Gottheit als oberste Instanz in ihren Kampf hinein. Doch bleibt der Gott der Tragödie rein transzendental. Nur Menschen und ihre Schicksale werden sichtbar; der Gott ist nur der letzte Grund aller Geschehnisse; die Welt der ›Romance‹ ist eine pantheistische: Gottheit und Schicksal, Mensch und Natur ballen sich zu einer neuen, leuchtenden, fließenden Masse zusammen, in jedem Moment ist jedes Prinzip dieser Welt enthalten.

Dramatisch ist die verschiedene Auffassung und Gestaltung der Leidenschaften das Wichtigste. Ich will mich möglichst kurz fassen: die Leidenschaft des tragischen Menschen ist eine Flamme, die sein Leben verbrennt, auf daß seine Seele schlackenlos und geläutert in den Himmel seiner reinen Selbstheit fliege; die Leidenschaft der ›Romance‹ ist etwas Dumpfes, sie ist eine Überschwemmung, die den Helden zu ertrinken droht. Die eine kommt also von innen, die andre von außen; das Sichbewähren des Helden ist hier eine Selbstenthüllung, dort nur die Gelegenheit des Geprüftwerdens; hier will der Held sein Schicksal, dort ringt er es nieder, oder erliegt ihm; hier kämpft er mit dem Schicksal, dort gegen das Schicksal; hier kommt der Held durch die Leidenschaft zu sich, dort trotz der Leidenschaft; hier ist eine Steigerung, dort eine Spaltung des Ichs das psychologische Moment [...]. Dadurch ist hier eine größere Lebensnähe als in der Tragödie vorhanden, eine größere Schönheit und eine große Gefahr für die ›Romance‹. Die Tragödie rationalisierte die Leidenschaften, gab ihnen den metaphysischen Sinn des einzigen Weges zur Selbstheit; in der ›Romance‹ haben die Leidenschaften keine Bedeutung, die über sie selbst hinausweisen würde, sie müssen aus eigener Kraft oder durch göttliche Gnade zur Erlösung, zur rettenden Form gelangen. Das indische Drama und das katholische des Calderon ließen die Vorsehung unmittelbar in das Leben eingreifen und erreichten etwas in sich Vollendetes durch die Zurückführung des Dramas in die allegorische Form der Mysterienspiele. Shakespeare und das auf ihn folgende Drama hatten diesen theologischen Hintergrund bereits verloren, konnten aber im Menschen keine sich selbst erlösende Kraft finden; konnten also dieses Drama nicht zu einer absoluten Form erhöhen. Die einzige Möglichkeit, die sie fanden, ist die Gestalt des Weisen; diese Lösung ist aber nicht die einzige und auch nicht die höchste. Das untragische Drama ist eine demokratische Form; es schafft keine Kasten zwischen den Menschen wie die Tragödie; seine reinste Lösung müßte also eine Gestaltung sein, die in dem allen gemeinsamen Wesen des Menschen, ohne Helden, doch auch ohne Weisen, den Weg zur Vollendung des Lebens, zur vollendeten Form finden würde. Diese Aufgabe – das Mysterium ohne Theologie sozusagen – ist aber bis jetzt immer noch Problem und Aufgabe geblieben.‹

Sieht man von den letzten Sätzen ab, so könnte man Steiners Mysteriendramen durchaus als eine mögliche Erfüllung des hier aufgestellten Ideals bezeichnen. Schließlich entstand das erste Mysteriendrama aus dem Versuch, Goethes ›Märchen‹ zu dramatisieren, und der Unterschied zwischen diesem bestimmten Märchen und der ›Pforte der Einweihung‹ läßt sich kaum besser beschreiben, als in der Art, wie Lukács das Märchen allgemein dem untragischen Drama gegenüberstellt. Denn in der ›Pforte‹ wird tatsächlich aus dem Märchenerlebnis ein Schicksalserlebnis, werden aus den Märchenmächten Lebensschicksale, wird aus dem pflanzenhaften Ausgeliefertsein der Gestalten an äußere Mächte die resigniert überwindende, unüberwindliche Lebensgeste des Weisen, der bei Steiner Benedictus heißt. Es gibt eine Psychologie und eine Kosmologie, es gibt den Gedanken der Wiedergeburt und ein Verschwimmen der Grenzen des Ich, und die Welt, die in Steiners Mysteriendramen entfaltet wird, ist in der Tat pantheistisch, nämlich von einer Fülle geistiger Wesen beseelt und bevölkert. Und trifft nicht das, was Lukács über den Held des untragischen Dramas sagt, recht genau auf Johannes Thomasius zu?

V. Der kommende Gott und das Drama der Zukunft

Den äußersten Punkt seiner theoretischen Annäherung an das Mysteriendrama erreichte Lukács aber mit einem 1912 entstandenen Aufsatz, der dem von Paul Ernst verfaßten Drama ›Ariadne auf Naxos‹ gewidmet ist. Er wiederholt darin zunächst sein Lob der ›Brunhild‹, denn damit habe Ernst ›das Dasein dieser Zeit aus ihrem Mittelpunkt heraus gestaltet: die Welt, wo, mit Nietzsches Wort, Gott gestorben ist, wo der Mensch, in einer hohen und pathetischen Bedeutung, das Maß aller Dinge wurde‹. **Dann fährt er fort:** ›Wenn es aber doch einen Gott gibt? Wenn nur der eine Gott gestorben ist, ein anderer, aus jüngerem Geschlechte, von anderem Wesen und in anderen Beziehungen zu uns jetzt im Werden ist? Wenn das Dunkel unserer Ziellosigkeit nur das Dunkel der Nacht zwischen dem Sonnenuntergang eines Gottes und der Morgenröte eines anderen ist? Ist der tragische Held dann nicht der Empörer, nicht der Träger des gegengöttlichen Prinzips, des Luziferischen? Und ist es sicher, daß wir hier – in der von allen Göttern verlassenen Welt des Tragischen – den letzten Sinn gefunden haben? Steckt nicht vielmehr in unserer Verlassenheit ein Wehgeschrei und ein Sehnsuchtsruf nach dem kommenden Gott? Ist dann aber sein noch schwach uns entgegenscheinendes Licht nicht doch wesentlicher als der verführerische Glanz des Helden; und das Ingesinde des Kommenden nicht mehr und dem Wesen näher als der Held und seine Einsamkeit schaffende Ethik?‹

Dieser kommende Gott ist hier Dionysos, der – wie im klassischen Mythos - die auf Naxos ausgesetzte Ariadne erlöst. Weil aber derart die Begegnung mit dem Göttlichen im Zentrum der Handlung steht, bezeichnet Lukács dieses Stück als Gnadendrama, und zwar nicht bloß als irgendeines, sondern als ›die Idee, das Paradigma des Gnadendramas‹ **schlechthin. Zusammen mit der schon erwähnten ›Brunhild‹ gilt es ihm sogar** ›als der vollkommenste geschichtsphilosophische Ausdruck der Not dieser Zeit und die Realisierung ihrer einzigen dramatischen Möglichkeiten‹. **So wenig man Lukács hier unbedingt beipflichten mag, so sehr lohnt sich ein Blick auf die Begründung, die in unvermutete Tiefen hinabführt:** ›Es ist ein Gnadendrama, in dem die Gottheit nicht im transzendent-unbegreiflichen Jenseits thront, sondern selbst zum Geschehen, selbst zu etwas Werdendem, einer Erlösung Bedürftigem wird. Nicht nur die Trauer des leidlosen Lebens der Götter erlebt Dionysos, sondern auch ihr Werden, die Wandlung der Gottheit, ihre mythische Geschichte.

> Ich bin erstanden...
> Der erste Gott, der Menschen je geliebt;
> Und alle Götter, welche später noch
> Geboren werden, müssen mir nun folgen,
> Von nun an müssen sie die Menschen lieben...

Es ist das religiöse Drama einer Zeit ohne Religion, in der auch das Sein an sich mit in das Werden von allem gezogen wird, in der das Absolute, der Gott nicht nur Objekt, sondern auch Subjekt der Sehnsucht ist. Die Gnadendramen früherer Zeiten hatten stets Götter des

Seins, hier wird das Nichtsein Gottes, seine Ferne von uns zur Gestalt. Und nur diese Ferne, diese Sehnsucht und dieses Verlassensein, ist der religiöse Mythos unserer Tage, so wie die ›Heldenhaftigkeit überhaupt‹ ihr tragischer Mythos ist. Es ist nur ein Gefühl da, das einer Gestaltung, nicht eine Fülle der Gestalten, die der Ordnung harrt.‹

Es war vielleicht Steiners Glück, daß er in Goethes ›Märchen‹ eine Fülle der Gestalten vorfand, die er zu den Mysteriendramen umformen konnte, und Steffens Unglück, daß er beim Gefühl nicht bleiben wollte. Aber wie dem auch sei: hier, in der Schilderung eines Dramas der Zukunft, was Bloch ›das möglicherweise noch zu findende untragische Drama beginnender religiöser Ordnung nennt‹, rührt Lukács an das innerste Mysterium des Dramas. Nicht nur, daß der Ursprung des Dramas in den Mysterien jenes Gottes zu finden ist, der sich mit dem Schicksal der sterblichen Wesen mitfühlend verband – vielmehr war, laut Steiner, das Erscheinen des Dionysos in der Ur-Tragödie bereits eine Vorahnung des Mysteriums von Golgatha: ›Einmal als historische Tatsache sollte sich das vor der Menschheit abspielen, so daß alle Menschen es empfinden konnten, was sonst in Griechenland im Schauspiel erlebt worden war.‹ In Dionysos durfte die griechische Welt einen Vorschein des Christus erblicken, und insofern beweist Lukács ungewöhnlichen Spürsinn, wenn er zu dieser Zeit – in der die Wiederkehr des Christus im Ätherischen zur esoterischen Tatsache wurde – in dessen Gestalt das Licht eines kommenden Gottes erblickt.

Das letzte Wort spricht Lukács zwar nicht aus, doch sein Freund Bloch zieht, einmal mehr, die Konsequenz: ›Was gedichtet ist, ist wirklich, die poetischen Menschen sind wir, im Abstand des Gestaltetseins, Herausgeführtseins zu sehen. Sie bewegen sich nicht nur über die Bretter oder im Begriff oder in dem künstlerischen Blendwerk einer immanenten Formvollkommenheit, die keine andere Dissonanz mehr kennt als eine klingende, ästhetisch fruchtbare, sondern in einem merkwürdigen, gegenstandstheoretischen Zug des Soseins durch die Geschichte, über der Geschichte, auf der wirklich unwirklichen, verdichtet, utopisch wirklichen Ebene des von uns als wesenhaft Gesehenen überhaupt. Das ist nicht weniger, nicht anders real als die Heiligenlegende, wenn auch durch charakteristische, utopische Gegenstands- und Sphärengrade von dieser verschieden, und so wird die letzthinnige Beziehung des tragischen Problems auf den Tod Christi als dem Inhalt der paulinischen ›Gnadendramatik‹ in der religiösen Sphäre unausweichlich.‹

So schließt sich der Kreis. Das theoretische Ringen um eine Wiedergeburt der Tragödie im 20. Jahrhundert hat Lukács, wie wir gesehen haben, schließlich zu deren Überwindung geführt, zum untragischen oder Gnaden-Drama, das vom Mysteriendrama nur dem Namen nach verschieden ist. Denn dieses Drama soll dasselbe leisten wie früher die Tragödie. Während es aber im antiken Griechenland nur darum ging, den Folgen des erwachenden Ich-Gefühls heilsam entgegenzuwirken, so ist es jetzt auch die vollkommen entfremdete und entpersönlichte Welt, die uns krank macht. Das Übersinnliche kann deshalb nicht mehr in der Form eines nur sinnlichen Vorgangs auf die Bühne gebracht werden, es bedarf einer Grenzüberschreitung. Die Immanenz des innerweltlichen Geschehens öffnet sich zur Transzendenz, in der die Ebenen der Wirklichkeit ineinander fließen; das schicksalhafte Ereignis, von dem einst gesagt werden konnte, daß es das ganze Leben bedeutet, dehnt sich zum karmischen Zusammenhang, der mehrere Leben umfaßt; der zwischenmenschliche Bezug weitet sich aus und schließt andere Wesen mit ein, die ins menschliche Schicksal hineinwirken. Und aus dem Gott Dionysos, der auf dem physischen Plan erscheint, wird der im Ätherischen wiedergekehrte Christus.

Das eigentliche Geist-Erlebnis kann deshalb nur in dieser Sphäre des Ätherischen stattfinden. Die bloße Darstellung geistiger Vorgänge reicht hier nicht aus, ist aber auch nicht unbedingt erforderlich. Wie in der späteren Tragödie der Gott Dionysos nicht mehr selbst erschien, sondern statt dessen in der Vielheit der dramatischen Gestalten erlebt werden konnte, wird das Erlebnis des Christus heutzutage im Zwischen der Gestalten möglich. Das Reich Gottes ist mitten unter uns und die Mysterien finden, wie Joseph Beuys sagt, im Hauptbahnhof statt. Nicht die Inhalte sind es, durch die der Geist sich offenbart. Denn, wie Steiner im Zusammenhang mit Goethes ›Märchen‹ erläuterte, ›ebensowenig wie der Christus verlangte von einem guten Anhänger, daß er immer nur sagte: Herr, Herr! – ebensowenig ist derjenige nur ein guter Christ, der immer sagt: Christus, Christus! – Die Art, wie die Bilder gefaßt sind, die Art, wie die Menschenseele in

was gedichtet ist, ist wirklich, die poetischen menschen sind wir

ihrer Verwandlung gedacht ist in dem ›Märchen von der grünen Schlange und der schönen Lilie‹, die Folge der Gedanken, die Kraft der Gedanken, die ist christlich, die ist der neue Weg zu Christus.‹

Eine denkbare Zukunft des Mysteriendramas wird allerdings nicht zuletzt davon abhängen, ob wir zu seiner Vergangenheit ein so freies Verhältnis finden können, wie Steiner einst zu Goethes ›Märchen‹, von dem er immerhin sagte, ›zu glauben, daß heute jemand so unmittelbar etwas schreiben könnte wie Goethes ›Märchen von der grünen Schlange und der schönen Lilie‹, ist überhaupt eine Dummheit‹, und noch deutlicher: ›Gegenüber unserer derben Wirklichkeit heute kann man weder mit ›Ästhetischen Briefen‹ – höchstens bei ästhetischen Tees – noch mit Märchen unmittelbar etwas anfangen, als vielleicht im Salon eine sehr schöne Unterhaltung darüber pflegen, auch in jenen Karikaturen von Salons, die sich zu den alten Lehrkanzeln hinzugesellt haben als Lehrsäle für moderne Literaturgeschichte. Aber was wir heute brauchen, das ist, daß wir mit dem, was Goethe und Schiller im Persönlichen gehalten haben, durchbrechen ins Leben. Dazu brauchen wir starke Begriffe und auf der andern Seite starke Imaginationen, dazu brauchen wir den Aufgang eines wirklichen geistigen Verständnisses der äußeren Welt.‹ Nachdem Steiners Mysteriendramen für uns fast schon so weit zurückliegen wie Goethes ›Märchen‹ vor ihrer Entstehung, wird etwas Ähnliches wohl auch von ihnen gesagt werden müssen.

Das Mysteriendrama, wie es kurz vor dem Ersten Weltkrieg in Erscheinung trat, blieb in der Literaturgeschichte eine fast folgenlose Episode. Auch Steiner setzte die Reihe seiner Dramen nach dem Krieg nicht fort, obwohl im Sommer 1914 ein fünftes fertig konzipiert gewesen war und nur noch aufgeschrieben werden mußte. Anscheinend war es nicht mehr an der Zeit. Ein heutiges Mysteriendrama müßte erst recht ganz neue Formen finden – Formen, die unserer verwandelten Welt und unserem fortgeschrittenen Bewußtsein entsprechen. Und dazu wird es unerläßlich sein, sich ein Verständnis der grundlegenden Probleme zu erwerben, die jene alt gewordenen Formen lösen sollten.

Georg Lukács (1885 – 1971) war ein ungarischer Philosoph und Literaturwissenschaftler, dessen idealistisches Frühwerk in der epochalen ›Theorie des Romans‹ (1916) ihren Gipfel fand. Nach seinem 1918 erfolgten Eintritt in die kommunistische Partei wurde er einer der wichtigsten Erneuerer des Marxismus im 20. Jahrhunderts und trug mit ›Geschichte und Klassenbewußtsein‹ (1923) erheblich zur Linksorientierung vieler Intellektueller zwischen den Weltkriegen bei. In der ungarischen Räterepublik von 1919 und während des Aufstands von 1956 war Lukács jeweils Mitglied der Regierung und damit einer der wenigen Philosophen, die ein politisches Amt hatten. Sein Freund, der Philosoph **Ernst Bloch** (1885 – 1977), gewann mit seiner expressionistisch gefärbten, um das Motiv der Utopie kreisenden Spielart des Marxismus erst nach dem Zweiten Weltkrieg an Bedeutung und war eines der Idole der Studentenbewegung. Dieser war auch **Peter Szondi** (1929 – 1971) sympathisch verbunden. Der Literaturwissenschaftler ungarischer Herkunft machte sich insbesondere durch die institutionelle Begründung der Komparatistik in Westdeutschland einen Namen.

Einen guten Überblick über Mysteriendramen Anfang des 20. Jahrhunderts bietet Peter Sprengels ›Geschichte der deutschsprachigen Literatur 1900 - 1918‹; Friedrich Nietzsches ›Die Geburt der Tragödie aus dem Geiste der Musik‹ liegt in zahlreichen Ausgaben vor; die Erstfassung von Ernst Blochs ›Geist der Utopie‹ und Peter Szondis ›Theorie des modernen Dramas‹ sind als Taschenbücher erhältlich; Rudolf Steiners Äußerungen über den Ursprung der Tragödie finden sich in GA 211 ›Das Sonnenmysterium und das Mysterium von Tod und Auferstehung‹, die Zitate zu Goethes Märchen sind entnommen GA 188 ›Der Goetheanismus, ein Umwandlungsimpuls und Auferstehungsgedanke‹ und GA 197 ›Gegensätze in der Menschheitsentwickelung‹; von Georg Lukács existiert nur die ›Entwicklungsgeschichte des modernen Dramas‹ in einer aktuellen Ausgabe, alle anderen hier zitierten Werke sind lediglich antiquarisch erhältlich: der Aufsatz ›Metaphysik der Tragödie‹ findet sich in der Essay-Sammlung ›Die Seele und die Formen‹; die Aufsätze ›Das Problem des untragischen Dramas‹ und ›Hauptmanns Weg‹ finden sich im 7. Jahrgang (1911) der ›Schaubühne‹, dort auch der Aufsatz ›Brunhild‹, der wichtige Teile der ›Metaphysik der Tragödie‹ enthält; der Aufsatz ›Ariadne auf Naxos‹ findet sich in der 1916 erschienenen Festschrift ›Paul Ernst zum 50. Geburtstag‹.

Kunst kann grausam sein, kann zur Verzweiflung bringen und Zerstörung in Kauf nehmen lassen – je nachdem, auf wen sie trifft. Als Strader zum ersten Mal das von Johannes Thomasius gemalte Portrait des Capesius sieht, fühlt er sich genarrt durch einen Schein, der ihm die Wirklichkeit seines Freundes offenbart. Die Farben vernichten sich, indem sie sich als seelische Qualitäten darstellen. Strader fühlt sich ergriffen und aufgefordert, etwas zu suchen, was sich dennoch allen Versuchen entzieht, es zu ergreifen. — Wenn er schließlich ›die Leinwand durchstoßen‹ will, sollte man ihn nicht heimlich dafür belächeln wie den Eingeborenen, der vergeblich den Mann hinter dem Spiegel sucht. Denn wenn auch die Mysteriendramen ein Kunstwerk sind, hat dies Kunstwerk auch keine Oberfläche, durch die man in die Tiefe geht, um auf einen ruhenden Grund zu kommen. Wenn sie ein Kunstwerk sind, gibt es auch in diesem keinen Unterschied zwischen einer Oberfläche und einer darunterliegenden Tiefe. Ihr Schein ist ihre ganze Realität, ihr Sein hat keinen Bestand. Es entsteht und verschwindet im Entstehen, baut sich auf und vernichtet sich im Aufbauen. | ROLAND HALFEN

figuren

Maria

›Die Wohlgenährte‹ | Gastgeberin des Hauses, in dem Benedictus seine Vorträge hält. Freundin und Inspiratorin des Malers Johannes. Meisterschülerin von Benedictus, der ihr auch Rat für die Erziehung ihres Findelkindes gibt. Durch sie wirkt grelles, geistiges Licht. Sie versteht alle, doch sie vermag ihrem Umkreis keine Wärme zu schenken. | Im alten Ägypten ist sie der unreife Einzuweihende. Christuskünderin aus Hybernia bei den Germanen. Im Mittelalter ein Mönch, der gegen die Ritterbruderschaft wettert. | Bei Goethe ist sie die schöne Lilie, durch deren Berührung der Jüngling stirbt.

Leander durchschwimmt Nacht für Nacht die Meerenge, die ihn von seiner geliebten Hero trennt, bis ihn die Wellen erchlagen und seinen Leichnam vor ihre Füße spülen.

Im ersten Entwurf der Dramen heiße ich noch ›Lilie‹. Dieser Name stammt von Goethe. Als Antwort auf eine Reihe Briefe von Friedrich Schiller über die Schönheit und das soziale Leben schreibt er ein Märchen. In dessen Bilderfluten lebe ich als unnahbare Prinzessin in einem abgeschiedenen Reich jenseits des Flusses und hoffe Tag für Tag, Jahr um Jahr auf die Erfüllung der Prophezeiung: eine große Brücke wird mein Reich mit dem anderen verbinden. — Schiller nennt mein Exil das Reich der Freiheit. Es ist jene lebensferne, idealische Freiheit, die auf das konkrete Leben tödlich wirkt. Schiller begegnet ihr in der Französischen Revolution, wo sie ihm als mordende Guillotine entgegentritt. Auch Goethe gibt mir die Eigenschaft, dass meine Berührung tötet, doch Erdentotes kann durch mich geistlebendig werden. — Steiner lässt mich als Maria tödlich auf das Innenleben meiner Lieben wirken. Ich bin der Avatar eines Engels, der neue Geistesaugen in Menschenseelen schaffen will. So muss er durch mich töten, was nur dem irdischen Leben gilt.

maria

Philipp Tok

Philia, Astrid, Luna
Sie erscheinen zuerst als Freundinnen von Maria. In den inneren Schauungen sind sie Urbild ihrer Empfindungsseele, Verstandes-Gemütsseele und Bewusstseinsseele. Sie vermitteln die Verbindung der menschlichen Seelenkräfte mit dem Kosmos. Zur Unterstützung Johannes' ruft Maria ihnen zu: der Weltenäther ›soll harmonisch klingen und klingend eine Seele durchdringen mit Erkenntnis‹. | Bei Goethe sind sie die drei Begleiterinnen der schönen Lilie. Sie dienen mit einer prächtigen Harfe, einem elfenbeinernen Feldstuhl, einem silbernen Kissen, einem hellen, runden Spiegel, einem mit Perlen gestickten Sonnenschirm und einem feuerfarbenen Schleier.

Chladnische Klangfigur.

Auf dem Theater hat jede Rolle einen eigenen Klang. Jede Figur entfaltet ihr eigenes, seelisch-komplexes Klanggebilde. In den Wortgebilden, ganz unabhängig von der auf der Bühne gesprochenen Bedeutung, drückt sich die innere Konfiguration der Figur aus, prägt und formt sie, subtil, fast zart. Jede auktorial gut und wesenshaft durchgestaltete Theaterfigur kann als musikalische Qualität erlebt werden. Philia, Astrid und Luna, die geistgewordenen Seelenschwestern der Maria, bilden einen hüllenartigen Sphären-Klang, erlebbar im Über-, also Obertonbereich. Sie sind musikalische Wesen, sind ein Dreiklang aus einem reinen Ton, dem Grundton der Maria, geboren. Reich an Obertönen oszillieren sie im Quint- und Oktavklang, auch in der Quart, seltener tanzen sie in den Terzen. Manchmal schimmern auch Sekunden und Septimen auf. Immer aber tönt es über dem Grundton der Maria. Philia, Astrid und Luna sind es, die Maria in ihrer Ganzheit zum Klingen bringen.

philia, astrid, luna

Thomas Parr

JOHANNES THOMASIUS
›Der Gottbegnadete‹ – ›Der Gespaltene‹ | Maler in Lebens-, Schaffens- und Beziehungskrise. Wird durch Maria Schüler von Benedictus. Gewinnt neue Lebensinspiration aus tiefen Meditationserfahrungen. Studium bei Professor Capesius. Nach Trennung von Maria lässt er die Malerei und schreibt ein Buch über Geisterkenntnis und Wissenschaft. Eine Anfrage für Produktgestaltung von Hilarius lehnt er ab. | Geliebte des Einzuweihenden im alten Ägypten. In der Antike ein Krieger, der im Alter weise wird. Bei den Germanen eine Frau, die zum Christentum bekehrt wird. Im Mittelalter ein Bergwerksmeister. Seine Schatten erscheinen als Doppelgänger und Geist seiner Jugend. | Im Märchen der Jüngling, der durch die Lilie stirbt.

Johannes, Maria und die andere Maria, Mysterienbild von Grünewald. Colmar, Elsass.

Johannes ist nicht mehr. Die direkte Berührung des Geistes vernichtet sein Selbst. Kalt, wie auf einen Fremden blickend, registriert er seinen toten Zustand. Durch seine Freundin Maria wirkt ein Geist, der ihm das Bild seiner Zukunft zerschlägt. Sie erlebt seine Verödung, empfindet seinen Schmerz mehr, als er ihn selbst fühlt. — Johannes wird wieder. Nach dem Verlust seines Selbst wird seine Seele selbst zur Welt. Denn wir sehen ihn kaum. Er erscheint nicht; alles aber, was erscheint, erscheint durch ihn. – Johannes gibt es; durch die anderen in ihm. — Johannes wird sein. Was ihn vernichtet hatte, gibt ihm jetzt wieder Leben. Zum Geiste treibt ihn die Kraft seiner leidenschaftlichen Liebe – doch sie ist es auch, die ihn immer wieder davon abzieht. Alles liebt er – erst spät merkt er: sich selbst am meisten. Nur Marias kühles Licht und ihre treue Milde retten ihn vor sich selbst. Indem er sich in sich selber spaltet, kann Johannes sein – durch Maria in ihm.

johannes

Johann Sommer

ANDERE PHILIA

Sie ist ›die geistige Wesenheit, welche die Verbindung der Seelenkräfte mit dem Kosmos hemmt‹, und ›die Trägerin des Elementes der Liebe in der Welt, welcher die geistige Persönlichkeit angehört‹. In der ›Weltenmitternacht‹ erscheint sie ›wie eine Kopie des Lucifer; doch fehlt das Strahlende des Unter- und Obergewandes. Statt des Schwertes eine Art Dolch und statt des Planeten eine rote Kugel, wie eine Frucht‹. Ein ›rätselvoller Zaubergeist‹, der zu Johannes spricht: ›Die Kraft der Liebe bin ich selbst in Dir.‹

Aus dem Beethovenfries von Gustav Klimt.

Die Andere ? – Sie ist das ›Andere‹, auch der Andere, tief in uns, nah und fern zugleich. Damit unsere ureigensten Impulse nicht verloren gehen, wenn wir gerade auf der Erde was ›Anderes‹ vorhaben, uns ein Mensch begegnet, der den ›Anderen‹ in uns zum Sprechen bringt; darüber zum Beispiel, was man sich eigentlich vorgenommen hat. — Dort, wo es zunächst nicht weitergeht, am gähnenden Abgrund des Seins, an den Toren zur Selbsterkenntnis, wo man an sich selbst nicht mehr vorbeikommt, wo man lernen muss, sich mit seinen Vergangenheiten auszuhalten, wo es darum geht, sich noch mal selbst zur Welt zu bringen, den Schritt ins Offene zu wagen – da erscheint sie. Da erscheint jene Kraft, die auf der Erde am ähnlichsten ist jener Urschaffensmacht der geistigen Welt, spürbar im Gefühl der Liebe. — Im Vertrauen, in Gewissheit einer geistigen Welt, verleiht sie Seelenstärke zum Anschauen und Verwandeln karmischer Schuld. Sie hemmt, wo Gefahr droht, und fördert, wo es an der Zeit ist. Sie ist nah am Licht, mit Lucifer verwandt und begleitet seine Gesandtschaft. Zum Verwechseln ähnlich erscheint sie in Rot.

andere philia

Vera Koppehel

Lucifer

›Träger des Lichts‹ | Er steht mit Ahriman am Eingang zur Seelenwelt, ein gefallener Engel, der Eigenliebe und Hochmut schürt. Sein Reich ist ›nicht durch künstliche Wände begrenzt, sondern durch pflanzen- und tierähnliche und sonstige Phantasieformen‹. Sein Thron steht links auf der Bühne, er tritt auf in flammendem Rot. Er hat es vor allem auf Johannes abgesehen und zieht ihn samt Capesius vom Erdenwerk ab. Durch Liebe bekämpft er Weisheit, durch Weisheit Liebe. Maria besiegt ihn, da sie aus ihrem Wissen alle Eigenliebe getilgt hat. | Im alten Ägypten spricht er als Sphinx, ›der Cherub‹ ist stärker betont.

Luciferskulptur in der Kathedrale von Lüttich.

Die Materie ist durchsichtiger geworden, die Zukunft berechenbarer, der Mensch ›durchschaut‹. In dieser allseitigen Offensichtlichkeit, in der es kaum noch Geheimnisse gibt, hat sich ein neues, entgegengesetztes Reich etabliert, in dem Lucifer herrscht: das Reich von Täuschung und Illusionen gegenüber der Wirklichkeit. Es ist ohne Grenzen, an nichts Äußerem zu kennzeichnen, sondern es liegt ganz im Inneren des Menschen. Ein Rückzugsland oder eine Art Fluchtburg des Scheins, wohin bei Tag und Nacht Unzählige unterwegs sind, mit und ohne Hilfsmittel. Wäre der Mensch nicht zu täuschen, so wäre er auch nicht frei. Die Möglichkeit zur Freiheit ist Lucifer zu verdanken. Ein Projekt, das nicht abgeschlossen ist, ein ständiges Kampffeld, vor allem im Innersten der Seele. Darum geht es in der Gegenwart in Wirklichkeit. Lucifer steht auf der Bühne, groß und rot, mit häufig weit ausgestreckten Gebärden, mächtig, stolz und herrschend, auf der Bühne des Mysteriendramas jedes einzelnen Menschen und sagt: ›Oh Mensch, erkenne mich.‹

Lucifer

Mechtild Oltmann

Hüter der Schwelle
Engelartig wacht er am Eingang zur geistigen Welt. Nur wer ohne Eigenwunsch ist, wer sich im Bodenlosen halten kann, darf eintreten. Im Drama, das nach ihm benannt ist, tritt er in einer ›Landschaft aus Phantasieformen‹ auf. Hier sind ›wirbelnde Wassermassen, die sich zu Gestalten formen‹, und ›lodernden Feuerwirbel. In der Mitte ein Erdschlund, aus dem Feuer sprüht, das sich wie zu einem Tore auftürmt‹.

Titelillustration zur Erstausgabe von Franz Kafkas ›Verwandlung‹, von Ottomar Starke, 1915.

Stolpern ist unangenehm. Nicht weil das Fortbewegen unterbrochen wird. Es ist die brennende Scham. Es sind die Blicke, die wie von außen die eigene Unvollkommenheit fixieren. Ob warm oder kalt, die Blicke brennen. Hier brennt die Liebe, hier brennt der Hass. Für einen kurzen Moment stehen wir mit dem Blick frei von Wünschen nackt vor uns selber. Wir stolpern ständig, nur bemerken wir es nicht. — Das Alltagsgeschäft des Hüters besteht darin, uns vor uns selber blind zu machen. Er schützt uns vor uns selber, weil wir nicht ertragen würden, uns so zu sehen, wie wir in Wirklichkeit sind. — Die Rollen sind eindeutig verteilt: Die Initiative liegt bei mir; der Hüter betäubt und wartet ab. Ich sehe, was ich sehen will. Ob ich dem Hüter begegnen werde, liegt in meiner Bereitschaft hinzuschauen. Ein überschaubarer Vorgang? Nein, alles andere: eine Tragödie. ›Die Begegnung mit dem Hüter der Schwelle ist eine Tragik, ein Lebenskampf in Bezug auf alle Erkenntnisbegriffe.‹

hüter der schwelle

Johannes Nilo

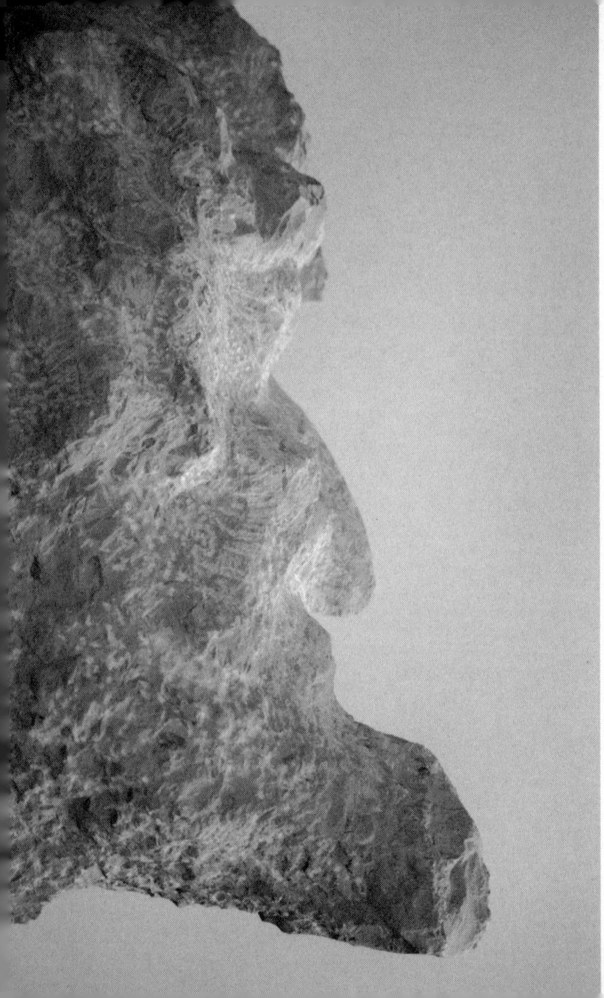

Ahriman

Altpersisch ›Angra Mainyu – zerstörerischer Geist‹ | Er steht mit Lucifer am Eingang zur Seelenwelt. Dort webt er die Schönheit der Sinneswelt. Die Bühne betritt er von rechts, spricht stark konsonantisch. Sein Reich ist ein ›dunkler, schluchtartiger Raum, begrenzt von Gebirgen‹, mit ›schwarzen Gesteinsmassen in phantastischen Formen‹ und Gerippen. Hier steht er ›an einem Abhang‹ und leidet ›seit manchen tausend Jahren‹, weil hier alle Wahrheit von Freude getrennt ist. Er bekämpft Benedictus und seine Schüler, streut Zweifel ins geistige Erleben. Maria durchschaut ihn mit Verstandeswissen, das zu Geistesweisheit umgestaltet ist. | Im alten Ägypten spricht er als Sphinx, deren Stier stärker betont ist.

Skulptur von Jennifer Irwin, Forschungsstelle Kulturimpuls, Dornach. Foto: Mauro Fenu.

Ahriman befreit von der Schwere des Geistes. Er lenkt den Blick der Menschen auf die Sinneswelt und auf den Verstand, der die Sinneswelt verarbeitet. Es erscheint in der Sinneswelt eine konturierte, fest umrissene Form ohne Lebens- und Seelentiefe. Eine klare und schöne Oberfläche. Es erscheint in Begriffen eine konturierte Form ohne Eigenleben oder dem Geist erfahrbare Wesen. Beide Oberflächen markieren objektiv und subjektiv das vorläufige Ende, den Tod der Evolution. Das Bewusstsein des Menschen ist die Berührung des inneren Todes (Verstand) mit dem äußeren Tod (Sinneswelt). Da beides nur Bild ohne Sein ist, sind damit die Voraussetzungen der Freiheit gegeben. Was nur Bild ist, kann nicht zwingen. Eine Zukunftsperspektive kann sich nur in Freiheit eröffnen. So wie Lucifer die Freiheit verneint; leugnet sie Ahriman. Er macht glauben, dass der Sinneswelt eine feste, materielle Welt zugrunde liegt, die mit Begriffen von kausaler Notwendigkeit restlos zu verstehen ist. Betäubt von der Sinneswelt und aufgestachelt von der scheinbaren Allmacht des Intellekts verkehren sich die Voraussetzungen der Freiheit in eine seelenöde Gefangenschaft und in eine geistlose Naturbetrachtung.

ahriman

Gottfried Stockmar

Retardus

›Der verlangsamend Wirkende‹
Er versucht die Geistigkeit im unterirdischen Felsentempel zu halten, um Schaden von den Menschen abzuwenden. Im Sonnentempel wird er seines Amtes enthoben – und kehrt nicht wieder. | Auch: ›Retter der unteren Sinne – Retar d.u.s‹. Von den ›unteren Sinnen‹ spricht Steiner in der ›Allgemeinen Menschenkunde‹: Tastsinn, Lebenssinn, Eigenbewegungssinn, Gleichgewichtssinn. Sie ermöglichen die Erfahrung der eigenen Leiblichkeit. | In Goethes Märchen der vierte, gemischte König, aus dem am Ende die Irrlichter das Gold schlecken. Woraufhin er in sich zusammensinkt und mit einer Decke zugedeckt wird.

Publikum beim Münchner Kongress der Theosophischen Gesellschaft, 1907.

Meine Mitspieler werfen mir vor, dass ich sie ›hemme‹. Und ob! Wissen Sie, was hier gespielt wird? Die wollen Sie zum Verschwinden bringen, ja, Sie, der Sie diese Zeilen lesen. Wohin? In irgendeinen Gruppengeist. Ich bin der Einzige, der Sie davor rettet. Daher der Name ›Retter‹ – ›Retar‹. Meine Mitspieler sehen nur ihre eigene Rolle und die Ereignisse der Bühne. In ihren Augen verdunsten die Menschen im Saal zum Gruppengeist namens ›Publikum‹. Nur ich nehme Sie wahr, ganz einmalig. Ich anerkenne Sie als Menschen aus Fleisch und Blut, gleichwertig mit denen, die auf der Bühne stehen. Also bin ich der Held der vier Dramen. Meine Mitspieler geben es langsam zu. Hören Sie, wie herablassend sie mir am Anfang noch die Worte in den Mund legen: ›Ich gebe aus mir selbst/dem Menschen jenen Teil/der ihm die Sinneswahrheit/als Höchstes lässt erscheinen.‹ Welche Verachtung höre ich aus den Wörtern: ›Sinne‹ oder ›erscheinen‹! Erst am Ende erwachen ihre Seelen zur Einsicht, die mein Sohn Capesius bereits vor 3000 Jahren ausspricht, jene Begabungen betreffend, die ich uns allen gebe: ›Die aus dem Gruppengeist das Ich befreien/und ihm das eigne Denken lösen werden.‹ Ohne meine Hilfe würden Sie jetzt in einem Kollektiv verdunsten. Das verhindere ich gerne – zugunsten des unverwechselbaren Menschen, der Sie sind.

retardus

Wilfrid Jaensch

Professor Capesius

Lehrt an der historischen Fakultät. Hört zur geistig-seelischen Erfrischung Märchen von Felicia Balde. Johannes, den er unterrichtet, portraitiert ihn. Das Bild weckt Selbsterkenntnis in ihm. Er meditiert Benedictus' mantrische Schriften bis zum Zusammenbruch. In Lucifers Reich hängengeblieben, lebt er zeitweise in geistiger Umnachtung. Später soll er an der von Hilarius geplanten Stätte unterrichten. Lehnt jedoch ab, da er sich zunehmend zur Naturmystik Felix Baldes hingezogen fühlt. | In Ägypten ist er der Opferweise, der mit den alten Einweihungsgesetzen bricht. Im Mittelalter verlässt er Frau und Kinder, um dem Ritterorden beizutreten. | Eines der beiden Irrlichter in Goethes Märchen.

Historisches Vorbild ist Carl Julius Schröer, 1825 - 1900, Goetheforscher und Lehrer Rudolf Steiners.

Er schreibt schweigend an eine dunkle Tafel, was an Literatur zugrundeliegt und ihm relevant erscheint; aufstrebende weiße Gelehrtenschrift, die selten geworden ist, würdig auf dem Tafelschwarz schwebend. Der Saal schweigt. Er tritt ans Pult: ›Guten Abend, meine Damen und Herren!‹ Sehr wirkungsvoll in eine minutenlang aufgebaute Stille hineingesprochen. Ein echter Auftakt. Der Saal atmet aus. Über kleinen handschriftlichen Notizen spricht er zu denjenigen, die in den Hörsaalreihen mehr hängen als sitzen und zu Damen und Herren wohl erst noch werden wollen. Das Mikrophon braucht er eigentlich nicht, er artikuliert deutlich, rasch, eloquent. Liebenswürdig und humorvoll erzählt er manchmal plötzlich Erlebnisse und verrät sich darin als anteilnehmender und überaus aufmerksamer Beobachter. Die Griechen liegen ihm besonders am Herzen, promoviert hat er über Kant. Warum er nicht einmal eine Vorlesung über Goethe halte? ›Goethe!?‹ Sein Blick schweigt einen Moment, sinnt, wendet sich gen Himmel, kehrt aus Weiten zurück, fast unmerkliches Kopfschütteln leitet die Antwort ein: ›Zu groß.‹ Das klingt wie ein Punkt, nach dem sehr lange nichts mehr kommt. Goethe zu groß. Da hat er wieder einmal mehr gesagt, als er weiß.

capesius

CHRISTINE BAUR

Doktor Strader
Naturwissenschaftler und Erfinder. Kindheit im Kloster. Vor der Priesterweihe Berührung mit der ihm verbotenen Wissenschaft. Akademische Laufbahn. Wird erschüttert durch die Vision einer Seherin, das Bild eines Malers und den Gedanken der Wiederkehr. Wochenlang dem Wahnsinn nahe. Betäubt sich mit Arbeit im Schraubenwalzwerk. Ehe mit Theodora verhilft ihm zur Erfindung des Strader-Mechanismus. Sie stirbt, bleibt jedoch um ihn. Er wird Benedictus' Schüler und ist die letzte Hoffnung für Hilarius' Vision. Doch auch er stirbt. | Vertreter des Feuerelements im ägyptischen Tempel. Im Mittelalter der heilkundige Jude Simon. | Ein Irrlicht in Goethes Märchen.

Historisches Vorbild ist Gideon Spicker, 1840 - 1912, Kapuzinermönch, später Prof. für Philosophie.

Am Anfang ist Strader am Ende. In seinem Leben reiht sich ›Ohnmacht an Ohnmacht‹. Die lange Gesundung hat er ›freudelos verlebt‹. Selbst seine Erkenntnis von Reinkarnation und Karma sieht er als Belastung, die ihm die ›letzten Kräfte‹ raubt. Nirgends steht geschrieben, dass Erkenntnis glücklich macht. Er will keine billige Hoffnung. Für ihn gilt: ›Ich bin fremd geblieben Allem‹. – In tiefster Ausweglosigkeit begründet er ein Schraubenwalzwerk. – Schrauben stellen im Unterschied zu Nägeln Zusammenhänge her, die korrigierbar und wieder lösbar sind. – Seine Beziehung zu Theodora inspiriert ihn zu einem Mechanismus, der Kraftzusammenhänge herstellt, die Freiheit ›rein technisch‹ möglich machen. – Freiheitskraft entsteht aus einer mechanischen Kraft, die wiederum aus geistiger Kraft und aus der Kraft zwischenmenschlicher Beziehungen stammt. Diese Kraft, die in allem wirkt, ist eine neue Gefühlskraft. Gefühle, die man nicht in der Gegenwart, sondern erst in der Zukunft erlebt; die sich dann nicht als Wärmegeschehen, sondern als ›Lichterstrahlen‹ selbst erfühlen.

strader

Wolf-Ulrich Klünker

THEODORA

›Gottesgabe‹ | Als 21jährige Hellseherin findet sie verständnisvolle Aufnahme im Kreis um Benedictus. Sie wird Schülerin von Felix Balde und ist sieben Jahre mit Doktor Strader verheiratet. Nach ihrem Tod hilft sie Strader von der geistigen Welt aus. | Sie ist der Siegelbewahrer im alten Ägypten. Im Mittelalter, als Pflegekind Cäcilia, heiratet sie fast ihren unerkannten Bruder Thomas. | In Goethes Märchen der Habicht.

Delphische Sibylle von Michelangelo.

Theodora ist die sibyllische Stimme der Dramen. Hin und wieder verliert sie alle Erinnerung, ihr Blick geht nach innen, und ihre Augen erglimmen in eigenartigem Licht. In diesen Momenten ›fühlt sie mehr, was sie umgibt‹. Von Schauungen spricht sie dann, die Zukunft offenbaren. Gleich im ersten Bild verkündet sie das Kommen des Christus in Äthergestalt. — Ihre befremdliche Offenbarung stürzt den anwesenden Doktor Strader in eine Lebenskrise. Theodora stellt sich ihm schwesterlich an die Seite, will seinen Wissensschmerzen Heilung bringen. Das Schicksal führt die beiden vor den Traualtar. In der Ehe verliert sie ihre Sehergabe, er findet durch sie Sicherheit des Fühlens. Wie Ibsens Solveig – die Peer Gynt vom Knopfgießer erlöst – rettet Theodora Strader aus Ahrimans Ketten. — Lucifer entzündet eine karmisch unberechtigte Leidenschaft in Johannes Thomasius für sie. In deren Folge stirbt sie verfrüht. Doch bleibt sie als Verstorbene an der Seite ihrer Seelenfreunde und unterstützt ihr geistiges Erwachen.

theodora

Jostein Sæther

Andere Maria

Maria Treufels, so ihr bürgerlicher Name, ist Pflegerin. Sie heilt durch Handauflegen und trostspendende Gespräche. Ihr Urbild ist die Seele der Liebe. Durch Arbeitsüberfülle hatte sie alle Lebenskraft verloren, empfängt jedoch aus Benedictus' Geisteswort neue Kräfte. Sie begleitet Strader am Sterbebett, erkennt ihn als grossen Liebenden und überbringt seinen letzten Brief. | Im Mittelalter erscheint sie als Kühnes Tochter Berta und lebt in den Märchen, die ihr Vater von der Burg bringt. | In Goethes Märchen ist sie die grüne Schlange, die sich opfert und zur Brücke über den Fluss wird.

Maria Strakosch-Giesler, Aquarell und Deckfarbe auf Papier, aus dem Tierkreis ›Der Mensch im Kampf mit dem Drachen – Krebs‹, Kunstsammlung Goetheanum.

Wer liebt, hat etwas zu verlieren. Sie hat viel verloren. Sie lebte einfach – für ihre Kinder, ihren früh verstorbenen Mann. Sie lebt einfach – für die, die Not und Elend kennen, die Schattenseitenmenschen, die Ohnmächtigen. — Die Ohnmacht, sie hat sie kennengelernt – und durch sie das Wort: Das Wort um des Sprechens willen; das Wort, das Tat ist, heilt und hilft und tröstet, die stille, warme Zauberkraft; das Wort, das Leben schafft, weil es – Liebe ist. — Von der Pforte bis zum Erwachen der Seelen ist sie die andere, die warme Seite der Maria, die, die mit den Händen erkennt. Sie ist das kleine Mädchen des Mittelalters, das im Märchen über Gut und Böse lebt. Das Märchen macht sie unbestechlich, macht sie zum treuen Fels. Maria Treufels, die nicht auf dunkle Mystenwege, wohl aber auf Menschen setzt, die in ihrer Zukunft gegenwärtig leben. Und so stellt sie sich an Straders Seite. — Sie ist die Schläferin, über deren Sinn für Wirklichkeit selbst Ahriman sich täuscht. Sie trägt die letzte Botschaft, des Traumes Korrektur, und wird das treue Wesen in Benedictus' Blick auf Strader. Sie durchzieht in grosser Verwandlung unauffällig das Ganze.

Sylphen

›Luftgeister‹ | ›Von rechts kommen sylphenartige, schlanke, fast kopflose Gestalten; ihre Füße und Hände sind ein Mittelding zwischen Flosse und Flügel; ein Teil von ihnen ist blaugrün, der andere Teil ist gelbrötlich. Bei den gelbrötlichen ist die Gestalt mit schärferen Konturen begabt; bei den blaugrünen unbestimmter. Die Worte, welche diese Gestalten sprechen, werden mit ausdrucksvollen, bis zum Tanze sich gestaltenden Gebärden vorgebracht.‹ – Regieanweisung von Rudolf Steiner.

Zeichnung von Dirk Kruse: ›Im Lichtspiel überm feuchten Gras am Bach ist es ein tanzendes Treiben von kleinen und großen Friedensstimmungen – ich mag die traumverlorenen Gestalten nicht stören.‹

Wir sind für Dich Luft. Wir lieben es, uns zu verstecken, wenn Du uns sehen willst. Das ist so unser Spiel. Solang Du glaubst, uns gibt es nicht, ist alles schön und gut. Denn das ist unsre Tugend: Wir schaffen und verschwinden, dass Du das Werk gebrauchen kannst, ganz ohne uns zu danken. Beständig schenken wir. Und was? fragst Du. Luft, natürlich! Lebensluft und Licht in Deiner Aussenwelt. In Deinem Innern: Lebenskraft und Sinn. Dein Innen und Dein Aussen: Ein und Dasselbe, wir sind in beidem zugleich. Uns Fühlen kannst Du erst, wenn Du dies ganz erfasst. Uns schauen erst, wenn Du einst das mal schaffst: Kraft, Sinn und Glück im Leben an andre zu verschenken, wie Luft, als Lebens-Atmosphäre. Das geht nur aus ›erwachter Seele‹. So schaut, sobald er das beginnt, Johannes uns. Doch glaubt er manchmal, der Aufgeblasene, er müsste selber glücklich sein und was bekommen oder haben. Das finden wir ganz töricht und werden wieder unsichtbar. Das ist so unser Spiel. Wir sind für Dich Luft und lieben es, uns zu verstecken.

Gnomen

›Erdbewohner‹ | ›Von links gnomenartige Wesen. Sie haben stahlgraue, den Menschen gegenüber kleine Gestalten; sie sind fast ganz Kopf; doch ist dieser vornübergebeugt. Sie haben lange, bewegliche, zu Gebärden geeignete, zum Gehen ungeschickte Gliedmaßen. Die Worte, welche diese Gestalten sprechen, werden mit ausdrucksvollen, bis zum Tanze sich gestaltenden Gebärden vorgebracht.‹ – Regieanweisung von Rudolf Steiner

Zeichnung von Dirk Kruse: ›Im Waldrand kommt eine altbekannte Stimmung. Sie ist überwach und kommt mir wild entgegen. Das Eigenwesen zeigt sich wie mit aufgerissenen Augen und einer nach oben verbundenen ›Kraftmütze‹. Ich würde es ein gnomisches Wesen nennen.‹

Eins und Eins sind Drei. Du kannst das nicht verstehn? Es fällt dir schwer, weil Du als Ich ganz sicher darauf stehst. Es ist der Boden Deiner Welt: wo eins ganz bieder neben andrem steht, wo eins schön nach dem andren kommt in ordentlicher Manier. Wo nie mal Eins ganz zart ins andre fließt und sich was gern mal widerspricht. Das darf nicht sein? Das gibt es nicht? Das fändest Du ganz schmuddelig? Du lachst uns spottend aus und hörst in Deinem Lachen nicht, wie wir uns darin amüsieren, und schnappst ganz flott zurück in Deine kleine Welt. Uns ist das recht, denn das ist unser Werk, dass Dir die Wirklichkeit nur so erscheint: Null oder Eins. Ent- oder Weder. Im Raum und in der Zeit. Wir sind das ausgeschlossne Dritte, das eins vom andren trennt und hält. So wirken wir den Boden, auf dem du sicher stehst: Dich als ein Ich im harten Gegensatz zu aller Welt zu fühlen. Darin kannst Du erleben, wie Du die Kraft des eignen Willens zur Schaffensmacht Dir formst. Doch vergiss nicht, wenn Du selbstherrlich darauf stehst, woher dies alles kommt: sonst fällst Du tief – plumps – in ein Loch und warst nicht mehr gesehn. So merke Dir: Wir sind die Eins, die Du vergisst, wenn Eins und Eins nur Zwei ergeben.

Felix Balde

Man nennt ihn ›Grübler und Phantast‹, er wohnt im stillen Heim. ›Ihm taugt kein anderes Leben als das in seinen Bergen.‹ Er kündet im Tempel die Not der Erdenmächte. Wird zum vielgesuchten Lehrer der Naturmystik, unterrichtet Capesius und Theodora, spricht von ›Sonnenwesen, die in den Steinen wohnen, von Monddämonen die jener Wesen Werke stören, vom Zahlensinn der Pflanzen‹. Lehnt atomistische Weltanschauung ab. Das ›pythagoreische Prinzip‹ waltet in ihm. | Schwellenhüter im alten Ägypten. Im Mittelalter Joseph Kühne, Vater von Berta und Pflegevater von Cäcilia. | Mann mit der Lampe bei Goethe.

Historisches Vorbild: Felix Koguzki; Okkultist und Kräutersammler.

BENEDICTUS Kannst du mir sagen, warum du hierher gekommen bist? Du, durch dessen Worte Naturgewalt sich offenbaren kann. Heilige Einsamkeit. Wie kam es, dass du sie, die dich lange Zeit umgab, verließest, um zu uns zu kommen?

FELIX Kraft aus Erdengründen, sie spricht durch mich. Sie rief mich auf, zu euch zu kommen, an den geweihten Ort. Euch mitzuteilen ihre Klage: die Erdenwesen hungern seit schon zu langer Zeit. Sie entbehren des Denkens Licht, das nicht zu ihnen strömen kann. Totes Denken dringt nicht vor zu ihnen, es dient der Erdenoberfläche, den Formgestalten nur. Formen über Formen prägt es aus, in denen alles Licht erstorben ist. Doch wie kann den Erdenwesen Denken wieder Nahrung werden? – Darum komme ich zu Euch, um meine Kraft des Schauens mit euren Weisheitskräften zu verbinden. Ein Opfer wird es sein, werd' ich doch meine Kräfte den euren einzuordnen haben.

Geist der Elemente
›Mich schaut die Menschenseele, erst wenn zu Ende ist der Dienst, den ich ihr leiste.‹ ›Ich habe euch das Selbst gegeben; ihr schuldet mir den Lohn.‹ Er konfrontiert Capesius und Strader mit den chaotisierenden Wirkungen ihrer Gedankenbildungen in den Elementarreichen und fordert von Felicia Balde zum Ausgleich ein Märchen für seine Felsengeister. | Der Fährmann in Goethes Märchen, der die Irrlichter übersetzt.

›Erscheinung des Erdgeistes‹, Zeichnung von J. W. Goethe.

GEIST Wer ruft mir? FAUST (abgewendet): Schreckliches Gesicht! GEIST Du hast mich mächtig angezogen, an meiner Sphäre lang gesogen, und nun – FAUST Weh! ich ertrag dich nicht! GEIST Du flehst, eratmend mich zu schauen, meine Stimme zu hören, mein Antlitz zu sehn; mich neigt dein mächtig Seelenflehn, da bin ich! – Welch erbärmlich Grauen fasst Übermenschen dich! Wo ist der Seele Ruf? Wo ist die Brust, die eine Welt in sich erschuf und trug und hegte, die mit Freudebeben erschwoll, sich uns, den Geistern, gleich zu heben? Wo bist du, Faust, des Stimme mir erklang, der sich an mich mit allen Kräften drang? Bist du es, der, von meinem Hauch umwittert, in allen Lebenslagen zittert, ein furchtsam weggekrümmter Wurm? FAUST Soll ich dir, Flammenbildung, weichen? Ich bin's, bin Faust, bin deinesgleichen! GEIST In Lebensfluten, im Tatensturm wall ich auf und ab, wehe hin und her! Geburt und Grab, ein ewiges Meer, ein wechselndes Weben, ein glühend Leben, so schaff ich am laufenden Webstuhl der Zeit und wirke der Gottheit lebendiges Kleid. FAUST Der du die weite Welt umschweifst, geschäftiger Geist, wie nah fühl ich mich dir! GEIST Du gleichst dem Geist, den du begreifst, nicht mir! (verschwindet) FAUST (zusammenstürzend): Nicht dir? Wem denn? Ich Ebenbild der Gottheit! Und nicht einmal dir!

Felicia Balde

Lebt einsam mit ihrem Mann im Wald. Eine ›gerade Dame‹, die sagt, was ihr auf dem Herzen liegt. Sie versteht die ›Kunst, das Herz eine Weile in den Kopf hinauffahren zu lassen‹, und schaut so ihre Märchenwesen; sie wirft Blicke in die Welt der Geister der Bewegung. Mit ihren Märchen erfrischt sie vertrocknete Seelen von Wissenschaftlern. Diese verbilden ihren Sohn bis zur Herzensöde. Was sie den Akademikern an geistigem Leben schenkt, soll sie dem Geist der Elemente mit ihrer Schönheit bezahlen. Rudolf Steiner verweist auf sie als Geburtshelferin der Eurythmie. | Der Myste im alten Ägypten. Frau Kühne im Mittelalter. | Bei Goethe Frau des Mannes mit der Lampe, die Alte.

Frau Koguzki; Mutter und Gattin.

Die anderen sind zu ihr gekommen, ausgezehrt, wie sie waren. Denn ihr Denken verschluckte die Kräfte, gebar nicht neue; totes Abbild war es, nicht neue Schöpfung. Ausgezehrt kamen sie zu ihr. Sie haben Nahrung der Seele bekommen. Voller Liebe hat sie ihnen Bilder gegeben. Reiche, wahre, schöne Bilder aus dem Schoße der Natur. Immer, immer wieder kamen sie. Sie schöpft aus der Fülle. Das Leben ist ihr nicht, wie den anderen, abhanden gekommen. Ihr ist es unerschöpflich. Sie kann Leben auch anderen verschwenderisch geben. — Und dann: das Leben der Natur fordert zurück; will von ihr zurück, was sie genommen. Fordert den Tribut. Wie kann das sein? Warum wird sie verantwortlich gemacht? Für ihre Gaben, die sie anderen gegeben? Selbst für Liebesgaben scheint die Natur Tribut zu nehmen...? Sie wehrt sich kurz nur. Ja, Menschendenken kann das schwer erfassen. Sie aber fügt sich sanft der Stimme der Natur.

German

Er ist ›der Mann, der von sich sagt, das Geisteslicht sei wie von selber in sein Gehirn gedrungen‹. Er hatte das Zeug zum Professor und Intellektuellen. Doch dann hat ihn die Geisteswissenschaft im Kreis um Benedictus zu sich hingezogen. In der Seelenwelt des Johannes erscheint er als ›Geist des Erdgehirns‹. Zweiter Präzeptor im Mystenbund. Er nennt sich auch Magnus Bellicosus, ›der Große Streitbare‹. | Im alten Ägypten Vertreter des Luftelements. Im Mittelalter Präzeptor des Mystenbundes. | Bei Goethe der Riese.

›Erdapfel‹ von Martin Behaim, ähnlich dem ersten erwähnten Erdglobus von Donnus Nicolaus Germanus, 1477.

Mich bekommst Du nur schwer zu fassen. Zuerst, im ersten Bild der ›Pforte der Einweihung‹, zeige ich mich als Witzbold, dem die eben vorgetragene Geisteswissenschaft wie von selber eingeht. Ich rede erst am Ende, nachdem sich alle andern schon geäußert haben. Mit den vor mir sprechenden, Theodosius und Romanus, bilde ich eine Dreiheit, die Du später in ganz anderem Zusammenhang wieder antriffst. Als Geist des Erdgehirns verspotte ich im Elementarreich das eben erzählte Märchen der Felicia und bin glücklich, dass man mich endlich einmal hört. Ich gleiche dem Felsenwesen in der Gruppe des Menschheitsrepräsentanten, der von links oben das ganze Menschheitsdrama humorvoll betrachtet. Im Mittelalter war ich ein Präzeptor eines dem Untergang geweihten Mystenbundes. Dann wandle ich meine Gestalt zum Magnus Bellicosus, genannt German, der als Träger des Elements der Hingabe im Rosenkreuzertempel bei Capesius und Torquatus-Theodosius steht, obwohl ich als Germane doch im Norden stehen müsste. Witzbold, Geist des Erdgehirns und Tempeldiener – wie bringe ich das zusammen?

german

Heinz Zimmermann

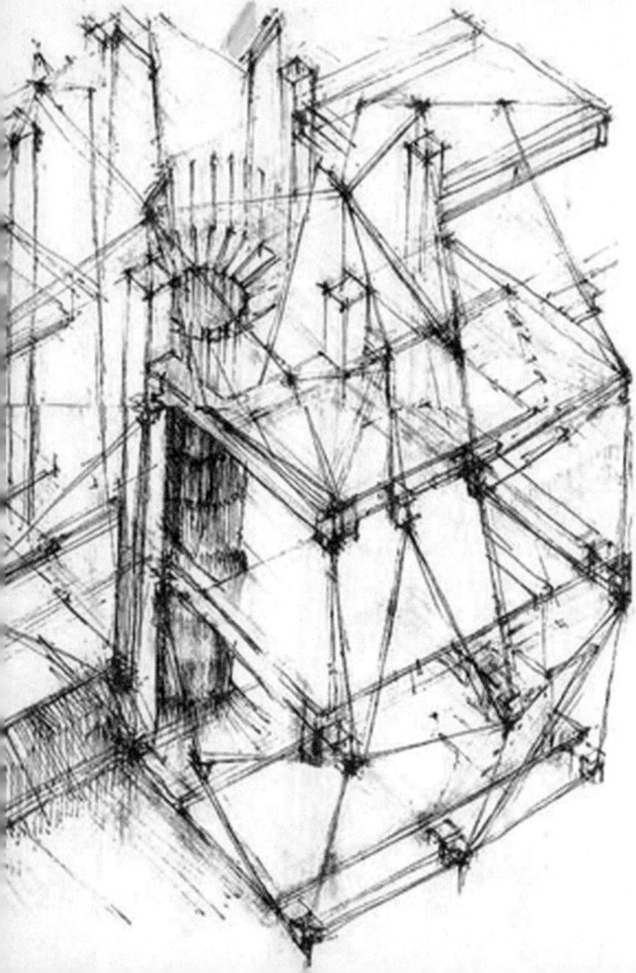

Hilarius Gottgetreu

›Der Heitere‹ | Großmeister des Mystenbundes und Träger des Geistelements. Erbe eines Sägewerks und Visionär. Er will seine Firma durch die Impulse der Schüler Benedictus' erneuern; Einheit von Kunst, Gewerbe und Wissenschaft. Doch seine langjährigen Mitarbeiter trauen den neuen Mitstreitern nicht. Das Vorhaben scheitert. | Wortbewahrer im alten Ägypten. Großmeister der Ritterbruderschaft im Mittelalter.

Der neue Plan.

Strader tot! Mit ihm mein Lebenstraum dahin! Wo die Erfüllung schon so nah mir war. Nur wenig Tage sind vergangen, seit sich mir alles deutlich zeigte. Ganz neu wollt' ich das Werk des Vaters führen, edle Formen für die Arbeit finden, mit Hilfe treuer Freunde sie mit Geist durchdringen und so ihr endlich Sinn verleihen. Neue Wirkungsstätten wollte ich den Geistesfreunden schaffen: damit Thomasius durch seine Kunst die Form durchdringe, wo das kühne Wesen Straders leite, was Wunsch mir ist; und endlich die Stätte für Maria, für Capesius und Benedictus, wo Geisteswissen sie verbreiten und Verständnis wecken für die neue Arbeitsweise. Denn wenn mir auch im Innern Eignes nicht erkeimen will, so halt ich es für meine ernste Pflicht, im Äußern das zu geben, was mir möglich ist! Wie schmerzhaft muss ich nun erleben, dass dieser edle Plan zerbricht. Der treue Leiter des Büros verweigert seine Mitarbeit, und Mysteneinfluss hält die Geistesfreunde fern. Einzig Strader blieb mir treu. Nun ist er tot!

hilarius

Monika Clément

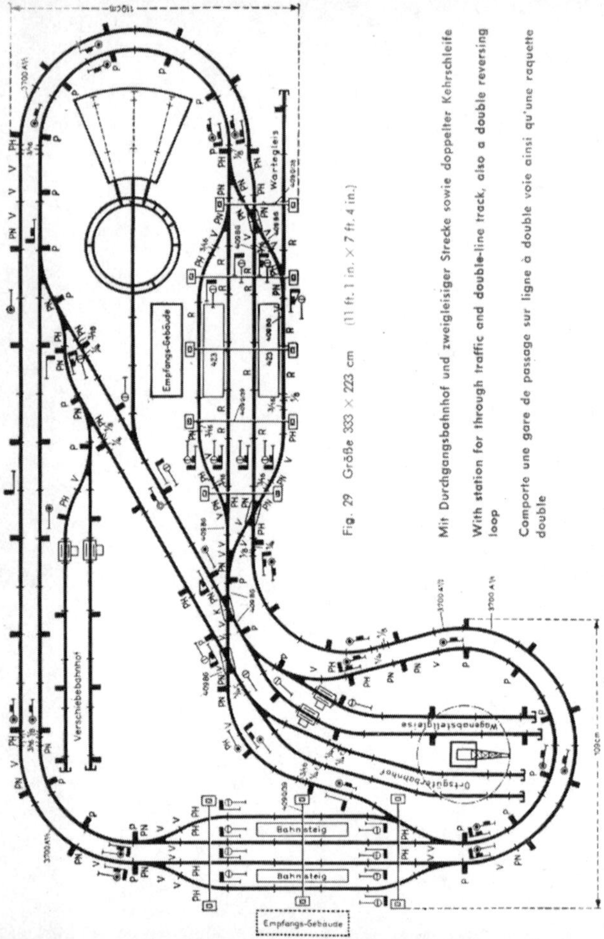

Fig. 29 Größe 333 × 223 cm (11 ft. 1 in. × 7 ft. 4 in.)

Mit Durchgangsbahnhof und zweigleisiger Strecke sowie doppelter Kehrschleife

With station for through traffic and **double-line** track, also a double reversing loop

Comporte une gare de passage sur ligne à double voie ainsi qu'une raquette double

BÜROCHEF
Leitender Angestellter in der Firma des Hilarius. Sein Name wird nicht genannt. Traditions- und pflichtbewusst widmet er sich der Arbeit, langjährige Erfahrung und persönliche Bindung machen ihn für das Unternehmen und das neue Projekt unentbehrlich. Seit mehreren Jahren liest er Schriften über geistige Fragen. Doch was seinen Freund und Vorgesetzten Hilarius inspiriert, scheint ihm für den zuverlässigen Ablauf in der Arbeitswelt keine brauchbare Urteilsgrundlage zu sein.

Der alte Plan.

Als Geschäftsführer soll der Bürochef die strategische und die operationelle Ebene des Werkes zusammenführen, die neue Aufgabenstellung mit den Gegebenheiten des Lebens verbinden. Wenn die Ebenen getrennt bleiben, wird es ihm nicht gelingen, eine flexible und dennoch aufgabenorientierte Geschäftsführung zu bewerkstelligen. – Stark ist er noch dem alten Unternehmergeist des Vaters von Hilarius Gottgetreu zugeneigt und kann sich nicht mit dem neuen Stil des Sohnes verbinden. Er möchte Mystenweisheit und Lebenspraxis trennen. In Strader, dem es nicht gelungen ist, seine Erfindung umzusetzen, sieht er kein Vorbild. Nur Romanus, der erfolgreiche Geschäftsmann, kann ihn überreden, sich Strader zur Seite stellen zu lassen, doch ›ohne seine Freunde‹. Die eigene Urteilsfähigkeit kann der Bürochef noch nicht gelten lassen. Erst durch Straders Tod wird diese in ihm angesprochen. Er erinnert sich an das Wort: ›Es wird geschehen, was geschehen muss.‹ Dieses Wort wird zum Anfang seiner eigenen Geistesschulung.

Romanus

›Der Römische‹ | Er wird vorgestellt als ›Geist der Tatkraft‹ und vertritt das Willenselement im Tempel. Im bürgerlichen Leben heißt er Friedrich Trautmann und ist ein erfolgreicher Unternehmer, der sich im Kurbeldrehen, in der Ameisengeschäftigkeit der Werkhallen heimisch fühlt. Sein Motto: ›Erfolge hat, wer Misserfolg nicht fürchtet.‹ Vorbilder könnten Walter Rathenau oder Henry Ford sein. Im Mystenbund ist er der Zweite Zeremonienmeister. | In der Einweihungszeremonie im alten Ägypten vertritt er das Erdelement. Im Mittelalter erscheint er ebenfalls als Zweiter Zeremonienmeister. | Eherner König in Goethes Erzählung.

Skulptur von Jean Tinguely ›mes rouges‹, 1960. Fotografiert von Leonardo Bezzola.

Zwischen Ideen und Taten fließt ein Mysterium. Und wir finden keine Brücke. Nur tief im Felsentempel tritt im Verbund der Brüder die Wirklichkeit aus dem Vergessen. Das Bildhafte wird Wahrheit. — Lange war die Tat verachtet. Gebete und Gedanken führten zum Göttlichen, Tagewerk war Sklavendienst, Mühsal und Strafe des Sündenfalls. Kains Neid hatte Berechtigung. Heute ist Arbeit Kult. Zwar bestellt kaum einer den Acker, doch es zählt, was zur Praxis führt. Das ›Land der Ideen‹ lobt seine Patente. Priester sind nicht mehr die von der Mühsal befreienden, sondern die Tatenmenschen. Romanus ist so ein Priester, erfolgreich – aber einseitig. Denn im täglichen Leben findet er als Friedrich Trautmann den Brückenschlag nicht. — Wer eine Brücke baut, braucht Sehnsucht nach dem anderen Ufer. Wer aber Ideen die Fähigkeit abspricht, die Lebenswirklichkeit zu gestalten, taugt bestenfalls zum Feierabend-Philosoph. Er sucht Erbauung im Tempel und unterwirft sein Umfeld der Notwendigkeit. — Dennoch, Romanus lernt aus den Fehlern des Mystenbruders, der die Brücke erzwingt und scheitert. Gelangt er doch sicher ans andere Ufer, weil er das Vergessen, den Misserfolg nicht fürchtet?

romanus

Benjamin Kolass

Theodosius

›Der mit Göttlichkeit Beschenkte‹

Im Tempel wacht er im Süden und offenbart sich als Urbild des Geistes der Liebe. Wirksam als Wärmegeisterwecker und Opferlustbereiter. Im Alltag will er sich ›nur durch Fühlen dem Geiste nähern‹. Später heißt er Albertus Torquatus und zweifelt an Benedictus' Urteilskraft, nachdem er seinen Platz im Tempel an Capesius übergeben hat. | Im 12. Jhd. v. Chr. ›Vertreter des Wasserelementes‹ in der ägyptischen Einweihungsstätte. Im 14. Jhd. Zeremonienmeister der Ritterbruderschaft. | Im 18. Jhd. steht er als silberner König in Goethes Märchen auf.

Die Bildrechtgenehmigung für den Skulpturentwurf eines silbernen Mahnmals für das KZ Auschwitz von Joseph Beuys wurde nicht gegeben. Andy Wahrhol sprang ein. Sie sehen Beuys selbst.

Theodosius hat den ›milden Durchblick‹, seine Augen sind warm und wach zugleich. Abgehobene und Vereinsamte werden zu ihm geschickt. Er weiß, was diesen mangelt, und fragt, was jene brauchen. Zum Austausch ruft er auf. Einem lüsternen Künstler hilft er ebenso wie der denkfaulen Heilerin oder dem vereinsamten Erfinder. Die einen brauchen Taschenlampen im undurchsichtigen Gefühlsdschungel, den anderen besorgt er Wärmflaschen für gefrorene Herzen. — Theodosius sucht geronnene Sonne. Liebe, die nicht zu hitzig temperiert, sondern von Weisheit gekühlt wurde. Er ist der, der das Zischen der untergehenden Sonne im Meere noch hört. – Wir kennen die auflösende Kraft der Liebe, schmelzen dahin, verlieren die eigene Form, verlieren uns im Verlieben. Erblinden. Doch ihre Macht verdichtet auch, wirkt wie Seelenmörtel. Die Liebe festigt die Wesen und bindet sie aneinander, manchmal zu eng vermauert, doch auch einander stärkend. — Sie scheint tatsächlich, wie einer mit Filzhut mal meinte, eine plastische Substanz zu sein, vermittelnd zwischen Wärme und Licht. Die Wärme weckt, das Licht richtet – dazwischen: verbindliche Gestalt.

theodosius

Jonas von der Gathen

Benedictus

›Der Gesegnete‹ | Nach seinem Vortrag in Marias Haus beginnen die Mysteriendramen. Er ist der geschätzte Lehrer spiritueller Zusammenhänge und Ratgeber in Schicksalsfragen. Er leitet den Tempel und repräsentiert dort das Element des Geistes. Später erfahren wir, dass er in der Großstadt karitativen Tätigkeiten nachgeht. In den Morgenstunden trifft er außerhalb des Häusermeers seine Schüler, mit deren Schicksal er sich zunehmend verbindet. | Im alten Ägypten ist er der Höchste Opferweise. Im Mittelalter erscheint er dem Mönch als Geist eines verstorbenen Kirchenführers. | Der Goldene König in Goethes Märchen.

Herakles meint, die Weltkugel zu tragen, doch Athene hilft unbemerkt. Olympia.

Wissen ist Beistand. Was gäbe man nicht, Benedictus in seiner Gemeinschaft zu haben. Jemanden, der führt, aber nicht bestimmt, der zeigt, nicht weist, der das Licht sieht, wenn man strauchelt. — Er erscheint als letzter und geht zuletzt und steht doch in der Mitte, von wo er segnet – nichts anderes meint ›benedicere‹. Benedictus segnet, indem er die geistige Potenz seiner Gefährten zeichnet. Seine eigene Sprache möge, so er selbst, Kräfte zum Geist lenken, möge das Schauen lösen, möge zu Erkenntnisquellen führen. Wer Benedictus folgt, lernt, das große amerikanische ›encourage‹ zu europäisieren. Benedictus ist der Geist der Gemeinschaft, weil er diese Gemeinschaft überragt und doch Teil von ihr bleibt. Denkt man das Drama innerseelisch, dann ist er das Ich, und wie das Ich kennt er die Einsamkeit. Vielleicht gibt er den Rat auch um seiner selbst willen. Weil es heute keinen Benedictus gibt, ist es der ›Eigenrat‹, wie Rudolf Steiner seinen Schullehrern zuruft, ist es das Verstehenwollen und -können der Zukunft des Anderen, was eine Gemeinschaft ›benedictinisch‹ sein lässt.

2.♀ ♌
3.♀ ♍
4.♂ ♎
5.♂ ♏
4.♀ ♐
5.♀ ♑
6.♀ ♒
6.♂ ♓
1.♂ ♈
2.♂ ♉
1.♀ ♊
3.♂ ♋

tierkreisgespräch | In den Mysteriendramen begegnen uns, neben den individuellen Figuren, eine Zwölfergruppe unterschiedlicher Menschentypen. Im Mittelalter treten sie zum erstenmal als durchnummerierte Bauern und Bäuerinnen auf und pöbeln oder loben die Ritterschaft, die ihren Heimatboden vereinnahmt und kultiviert hat. Im 20. Jahrhundert werden sie als Bürger wiedergeboren und tragen charakterisierende Eigennamen. Ihr gemeinsamer Auftritt zeigt sie in einer hitzigen Diskussion über einen Mystenbund. Frau Demut meint dazu anderes als Herr Stürmer. Doch ihre gegensätzlichen Stimmen verbinden sich zu einem ganzen Bild.

bauernregel | Jeder dieser Archetypen ist für sich fassbar, auch ohne den Gesamtverlauf der Dramen zu kennen. So haben wir zwölf jüngere Menschen, manche ohne Vorkenntnisse, gefragt, je einen aus dem Dutzend, in 500 Zeichen, phantasievoll zu charakterisieren. Nur die Textstellen der Figur lagen ihnen vor – ein Spiel mit literarischen Formen und Wesen...

Die Zuordnung der Sternzeichen und Reihenfolge auf den kommenden Seiten folgt dem Auftritt der Bäuerinnen ♀ und Bauern ♂ im Mittelalter.

festrede | ›Verehrte Anwesende! Ich bin sehr erfreut, zum Ehrenpräsidenten erwählt zu sein. In all den Jahren des Kampfes habe ich stets an das Richtige unserer Richtung geglaubt. [...] Wir hatten recht damit, dass die Leistungsfähigkeit des homo sapiens nur durch intelligente Technologie garantierbar ist. Wir haben ihn vollkommener gemacht! Und wir haben ihn von den Pathologien kuriert, die aus dem illusionären Begreifen seiner Selbstexistenz als einer freien resultierten. Ja, diese Heilung war entscheidend!‹ [Stürmischer Applaus]
1.4.2087 | Professor Stürmer, Netzakademie für maschinelle Intelligenzforschung und roboterbasierte Humanaktivierung (NAMIRHA) PHILIP KOVČE

persiflage | Recht hoch, breite, aber platte Figur; langer Mantel, kein Hut und bekennender Nichtraucher: ›...denn, dass das Rauchen schadet, wissen wir seit langem.‹ Seine hohe Stirn, eine ungewöhnlich tief angesetzte Nase und sein schmaler Mund sprechen von einem Denkenden, dessen Sorge gänzlich den – wie er es nur im vertrauten Kreise benennen würde – ›Weltenrätseln‹ gewidmet ist. Doch: ›Bei aller Lebendigkeit und Vielschichtigkeit des Geistes, alles muss mit strengstem Denken zu erforschen möglich sein. Was gilt es sonst der Welt.‹ Herr Redlich: bieder und ohne Hut. PHILIP STOLL *tagebucheintrag* | Zu erfassen, was geschieht / In geheimgehaltnen Kreisen / ward unser einem nie gegeben; / Doch wer braucht jene Führung noch? / Der, der wahrlich strebt nach Eigenheit / muss lösen sich, / von Banden, die ihn führen wollen, / Nur dadurch kann er Menschen künden, / was lang auch schon in mir sich regt, / auch Ahnung ist als Daseinssinn: / Erfüllen will nur der sein Leben, / Der zu sich sagt: ›Schöpf Du aus Dir, Schau Du in Dich und lausche, wer Du bist!‹ JOHANNA FRIEDERICHS

erbauung | Wie sollte ein Baum seinem Daseinsgrund untreu sein? Er kennt den Zweifel nicht; er senkt seine Wurzeln unbeirrt ins Erdreich; sieht nur die Sonne, und nur ihr will er entgegenwachsen. Ein Mensch dagegen ist frei, alle Wege gehen zu können. Die Welt wird ihm ein Kaufmannsladen von Dingen voll, die er anstelle der Sonne verehren kann. — Ich aber habe mich gesehnt nach der Aufrichtigkeit des Baumes; begann hineinzuhorchen in mich, meine Umwelt und fand, dass leise, hinter all den wirren Alltagstönen, ein Einklang doch ist, an den ich mich halten kann. KAI RASMUS NISSEN

Zeugnis | Franziska zeigt sich selbst – ihrem Namen gerecht werdend – demütig. Denn ihr Sprechen – erwachend aus dem Gefühl der eigenen Schwäche gegenüber wahrem Geist – zeugt von gerechter Urteilskraft. Doch verharrt sie in der erwartenden Gebärde des ›Er-geben-seins‹ noch zu sehr, anstatt das sie bereits tätig-werdend aus ihrem Innern Tragendes schöpft. Auszug aus dem Zwölftklasszeugnis der Freien Benediktus Schule JOHANNA TARABA

Interview | ›Hier, in den Bergen, bin ich näher am Leben und nur selten mit abstrakten Vorgängen konfrontiert‹. ruft sie, die kleinen, von Arbeit geprägten Hände fest am Lenkrad, und jagt die schmalen Serpentinen entlang. Oben serviert sie, im feschen, selbstgenähten Rock, zum Tee Honig von ihren Bienen. Yoga hat sie aufgegeben: zu viele Verpflichtungen neben der Arbeit in der Klinik. Sie wolle von Leuten lernen, die mit dem wirklichen Leben zu tun haben. ›Wofür sind wir auf der Erde? Sich ständig wegzuträumen, mehr zu wollen, das bringt nichts.‹ ANNA INDERFURTH

♎

Aufruf | Liebe Freunde! Lasst uns dem Geiste Friedrichs helfen, der stets morgen beginnen will, was ihm gestern zum festen Vorsatz geworden ist: gegenwärtig und konkret zu werden. Er wird Mut und guten Kampfgeist brauchen können, um rechten Frieden zu stiften und heute etwas zu bewirken. Guten Abend! JOHANNES VOIGT

♏

Befund | Er hat einen strengen Blick. Sein frommes Wesen schöpft aus schleierhaften Quellen. Er weiß den Vogelflug zu deuten, und nicht selten setzt er mir auseinander, was stark als Bild in seiner Seele lebt. Sehr genau scheint er zu sehen, was vorgeht unter Menschen. Doch lebt er meist in sich verschlossen, betet, schweigt und verschafft sich kein Gehör. Eine reiche, verschrobene Welt betritt, wer ihn besser kennenlernt. Tragisch berührt von einem ernsten, tiefgründigen Gemüt, das leider ohne Wirkung bleibt. CURRO CACHINERO luise fürchtegott

Brief | Geehrter Dr. Strader, jetzt hängt alles davon ab, dass sich die Freunde in richtiger Gesinnung verbinden. Baldes selbständige Innerlichkeit schätze ich, halte es jedoch für gefährlich, wenn seine Mystik die allgemeinen Maximen prägt. Zu wenig lässt sich seine Anschauung prüfen. Dagegen sehe ich in Ihrer Forschung, wie sich Wissenschaftlichkeit und Geistbewusstsein zu echter Lebenspraxis verbinden. Ich bitte, über den Fortgang Ihrer Arbeiten in Kenntnis gesetzt zu werden, und helfe gern die Ergebnisse mit der nötigen Beweisführung einzubringen. Hochachtungsvoll, L. Fürchtegott NATASCHA NEISECKE

hermine hauser

Brevier | Wir leben im kalten Bewusstsein am Tage, und es reicht uns zu essen. Als ob wir nicht wüssten, dass wir Seelen sind. Wer kommt mit mir schreien? Ahhh!! Aaaahhhh!!! — Es schaut niemand zu. Ich sitze, müde und atemarm, satt von all dem Wandel, vom nicht Verstehen des Todes… das Leben ist etwas, das überwunden werden will… in dessen Mitte wird ständig geschrieben: ›ich bin Ding unter anderen, und ich bin niemals müde, ich trinke und schwitze, ich gehe und träume, und ich träume dich wie Wolken durch Flugzeugmotoren raus…‹ FAYE SHAPIRO *remixed*

Entschluss | Ich strebe auch. / Doch ich versuche nicht, / vor Dunkelheit die Augen zu verschließen / und blind nur meinen Weg zu gehen. / Klaren Urteils trenne und verbinde ich. / Teilend zeig ich mit der Hand, / um doch nur einen Kreis zu ziehen. // Diesen an die Wand zu malen, / das kann mein Ziel ich nennen. / So geht mein Weg nicht nur nach innen, / denn diese Klarheit, / die man heut so braucht, / wurd' durch das Leben mir verliehen, / dass ich sie ganz zur Wirkung bringe. / Mein Wort sei Rat den Menschen, / und Rat sei mir mein Denken. ELISABETH TARABA

Allegorie | Ich trug geerbte Wanderschuhe. Sie gaben mir Heimatgefühl. – Hochmütige boten mir zu große Schuhe an. Das Ergebnis: zerbrochene Brille. Doch diese Zeiten sind vergangen, Papas Schuhe durchgelaufen. Neue Schuhe? Erst einmal den Schuh verstehen. Viele behaupten, die besten Schuhe zu tragen. Doch sollten sie besser urteilen lernen, sich nicht verführen lassen vom erstbesten Schuhverkäufer! Ich werde sie nicht aufklären. Ich laufe, mit dem Zeigefinger als Schwert, spottend herum, kritisiere Schuhläden… und merke nicht, dass ich immer noch barfuß bin. PABLO GRASSI

ich habe ein anspruchsvolles publikum,
es weiß sich die bilder selbst zu ordnen.

frei nach Andrej Tarkowski

momente

historische assoziationen

azazil *1000 Jahre vor dem Sündenfall | Koran* Allah erschuf Adam und lehrte ihn die Namen aller Dinge. Da befahl Adam den Engeln, sich vor ihm niederzuwerfen, weil er wissend war. Alle warfen sich nieder, nur Azazil weigerte sich hochmütig. Er wurde zu Iblis, dem ›Enttäuscher‹. Allah sprach: ›Iblis, was hindert dich, dass du dich niederwirfst vor dem, was Ich geschaffen habe?‹ Iblis erwiderte: ›Ich bin besser als er. Du erschufst mich aus Feuer, und ihn hast Du aus Ton erschaffen.‹ Doch Allah verbannte ihn wegen seines Hochmuts. Iblis rief: ›Ich will sie alle in die Irre führen.‹

echnaton *14. Jh. v. Chr. | Ägypten* Echnaton und Nofretete sind das erste Königspaar, von dem Abbildungen in der Öffentlichkeit bekannt sind. Auf den Steinbildern wird die Familie von den Strahlen der Sonnenscheibe Atons beschützt.

ahriman *seit dem 4. Jh. v. Chr. | Überlieferung aus Persien* Angra Maynu, der ›zerstörerische, Angst machende Geist‹, kämpfte gegen Ahura Mazdao, den ›Herr der Weisheit‹. Beide waren Zwillingssöhne des Zurvan, der Zeit. Angra Maynu erzwang seine vorzeitige Geburt, um Herrscher zu werden. Doch Zurvan wies ihn zurück, erhob Ahura Mazdao zum König des Himmels und verbannte Angra Maynu in die Unterwelt.

lucifer *Latein* Zum Ende der Nacht erscheint am Himmel der Morgenstern, die Venus. Die lateinischen Dichter nennen ihn Lucifer, den ›Bringer der Morgendämmerung‹, griechisch ›Phosphoros‹, hebräisch ›Helel‹. Im Koran bewacht er die Tore des Paradieses, bevor er wegen seines Hochmuts verstoßen wird und ›wie ein Morgenstern vom Himmel‹ fällt.

rotweg *3. bis 5. Jh. n. Chr.* Irische Wandermönche bringen das keltische Christentum zu europäischen Heidenstämmen. Das Verlassen der Heimat galt als asketische Übung. Es gab das ›Grüne Martyrium‹, das ›Weiße Martyrium‹ und das ›Rote Martyrium‹. Beim grünen Weg wurde ein einsamer Ort im eigenen Land aufgesucht, beim weißen Weg verließ der Mönch als Missionar seine Heimat, beim roten Weg suchte er bewusst einen Ort auf, wo er wahrscheinlich mit kriegerischen Heiden zusammenstoßen würde.

theodosius *der Große | 347 bis 395 n. Chr. | Römisches Reich* Sein Vater hatte in der Provinz Africa gegen den korrupten Statthalter Romanus gekämpft. Er schuf wichtige Grundlagen für ein einheitliches katholisches Christentum, indem er Gesetze gegen Heiden und christliche Nebenströmungen erliess.

romanus *von Condat | 444 | Haute-Jura* Der Eremit und Klostergründer wird von Hilarius von Arles zum Priester geweiht. Die Sehnsucht nach einem einsamen Leben führte ihn in eine Bergschlucht des Jura. In der Mitte des Tales war eine freie Ebene, auf der ein ungewöhnlich großer Feigenbaum stand. Er war voller Früchte, und seine Zweige und Blätter bildeten eine schattige Laube, am Fuße sprudelte eine frische Quelle. Unter diesem Baum schlug Roman seine Wohnung auf. Mehrere Stunden des Tages verwendete er auf die Bebauung des Bodens um seine Wohnung.

kirchenlehrer *1225 bis 1274* Thomas von Aquin, Dominikanermönch und grosser Kirchenlehrer der Scholastik. Er wird als Heiliger verehrt, und seine Lehre dient seit Jahrhunderten als Grundlage der römisch-katholischen Priesterausbildung. Zu den schwer nachvollziehbaren Teilen seiner Lehre gehört, dass er die Hinrichtung von Häretikern für legitim gehalten hat und so den theoretischen Unterbau für die mittelalterliche Inquisition lieferte.

ritter *1244 bis 1314* Jacques de Molay war der letzte Großmeister des Templerordens. Der Orden wurde 1118 gegründet und war der erste, der die Ideale des adligen Rittertums mit denen der Mönche vereinte, zweier Stände, die bis dahin streng getrennt waren. In Jacques de Molay's Zeit als Großmeister fällt die Zerschlagung des Ordens durch Philipp den Schönen, König von Frankreich. Dieser wollte die internationale Macht des Ordens brechen und sich an seinem Gold bereichern. Am schwarzen Freitag, den 13. Oktober 1307, ergingen Haftbefehle an alle ›Dienststellen‹ in Frankreich. Mit der landesweiten Aktion wurde verhindert, dass sich die Brüder untereinander warnen konnten. Nur zwölf Ritter seien entkommen, darunter ein einziger Würdenträger. Am 18. März 1314 wurde Jacques de Molay in Paris auf dem Scheiterhaufen verbrannt.

aegidius **romanus** *1270 | Bourges* ›Doctor Fundatissimus‹ schreibt die Abhandlung ›Die Irrtümer der Philosophen‹. Er war Schüler des Thomas von Aquin, Augustiner-Eremit, Ordensgeneral und Bischof. Später unterstützte er Philipp den Schönen im Kampf gegen die Templer.

nicolaus **germanus** *1477 | Florenz* Der Kosmograph fertigt für den Vatikan einen Himmels- und einen Erdglobus, 15 Jahre vor dem ›Erdapfel‹ von Martin Behaim.

märchenevolution

stipendium *1791* In Sorge um das Wohlergehen Friedrich Schillers, bemüht sich der dänische Schriftsteller Jens Baggersen bei dem Erbprinzen Friedrich Christian von Augustenburg: Schiller erhält ein Stipendium über drei Jahre.

dank *1791 bis 1793* Schiller sendet die ›Augustenburger Briefe‹ nach Dänemark. Nach ihrer Vernichtung durch einen Brand entsteht 1794 eine Neufassung, die ›Briefe über die Ästhetische Erziehung des Menschen‹.

idee *1774* Schillers Nachsinnen betraf die Frage: Welcher Zustand der Seelenkräfte entspricht im höchsten Sinne des Wortes einem menschenwürdigen Dasein? — ›Jeder individuelle Mensch, kann man sagen, trägt der Anlage und Bestimmung nach einen reinen, idealischen Menschen in sich, mit dessen unveränderlicher Einheit in allen seinen Abwechslungen übereinzustimmen die große Aufgabe seines Daseins ist‹, heißt es im vierten Briefe. Eine Brücke soll geschlagen werden von dem Menschen der alltägigen Wirklichkeit zu dem idealischen Menschen. *Rudolf Steiner, Vortrag 28. August 1899*

portrait *20. Oktober 1794 | Jena* Schiller sendet die ersten neun seiner ›ästhetischen Briefe‹ als Manuskript an Goethe. Er fügt hinzu: …So verschieden die Werkzeuge auch sind, mit denen Sie und ich die Welt anfassen, und so verschieden die offensiven und defensiven Waffen, die wir führen, so glaube ich doch, dass wir auf Einen Hauptpunkt zielen. Sie werden in diesen Briefen Ihr Portrait finden, worunter ich gern Ihren Namen geschrieben hätte, wenn ich es nicht hasste, dem Gefühl denkender Leser vorzugreifen…

trunk *26. Oktober 1794* Goethe an Schiller: Das mir übersandte Manuskript habe ich sogleich mit großem Vergnügen gelesen; ich schlürfte es auf einen Zug hinunter. Wie uns ein köstlicher, unserer Natur analoger Trunk willig hinunterschleicht und auf der Zunge schon durch gute Stimmung des Nervensystems seine heilsame Wirkung zeigt, so waren mir diese Briefe angenehm und wohltätig; und wie sollte es anders sein, da ich das, was ich für Recht seit langer Zeit erkannte, was ich teils lebte, teils zu leben wünschte, auf eine so zusammenhängende und edle Weise vorgetragen fand.

herreise *8. Juli 1795 | Carlsbad* Goethe an Schiller: ...Indem ich auf meiner Herreise einige alte Mährchen durchdachte, ist mir verschiedenes über die Behandlungsart derselben durch den Kopf gegangen. Ich will ehstens eins schreiben, damit wir einen Text vor uns haben...

mährchen *1795 | Zeitschrift ›Die Horen‹, 8. Stück* ›Diesen Abend verspreche ich Ihnen ein Mährchen, durch das Sie an nichts und an alles erinnert werden sollen.‹ Es folgt das Märchen von der grünen Schlange und der schönen Lilie. J. W. Goethe, Unterhaltungen deutscher Ausgewanderter.

vergnügen *29. August 1795 | Jena* Schiller an Goethe: Das Mährchen ist bunt und lustig genug, und ich finde die Idee, deren Sie einmal erwähnten, ›das gegenseitige Hülfleisten der Kräfte und das Zurückweisen auf einander‹, recht artig ausgeführt. Meiner Frau hat es viel Vergnügen gemacht; sie findet es im Voltairischen Geschmack, und ich muss ihr Recht geben. Übrigens haben Sie durch diese Behandlungsweise sich die Verbindlichkeit aufgelegt, dass alles Symbol sei. Man kann sich nicht enthalten, in allem eine Bedeutung zu suchen. Die vier Könige präsentiren sich gar prächtig, und die Schlange als Brücke ist eine charmante Figur. Sehr charakteristisch ist die schöne Lilie mit ihrem Mops. Das Ganze zeigt sich überhaupt als die Production einer sehr fröhlichen Stimmung...

xenien *1797 | Musenalmanach* Mehr als zwanzig Personen sind in dem Märchen geschäftig, / Nun, und was machen sie denn alle? Das Märchen, mein Freund. *Goethe und Schiller*

es ist an der zeit *1798 | Fragmente, Glaube und Liebe* Glänzend steht nun die Brücke, der mächtige Schatten erinnert / Nur an die Zeit noch, es ruht ewig der Tempel nun hier, / Götzen von Stein und Metall mit furchtbaren Zeichen der Willkür / Sind gestürzt und wir sehn dort nur ein liebendes Paar — / An der Umarmung erkennt ein jeder die alten Dynasten, / Kennt den Steuermann, kennt wieder die glückliche Zeit. *Novalis*

politik *2. Oktober 1808 | Erfurt* Goethe, Unterredung mit Napoléon: Der Kaiser ... kehrte zum Drama zurück und machte sehr bedeutende Bemerkungen, wie einer, der die tragische Bühne mit der größten Aufmerksamkeit gleich einem Kriminalrichter betrachtet und dabei das Abweichen des französischen Theaters von Natur und Wahrheit sehr lebhaft empfunden hatte. — So kam er auch auf die Schicksalsstücke, die er missbilligte. Sie hätten einer dunklern Zeit angehört: Was, sagte er, will man jetzt mit Schicksal, die Politik ist das Schicksal.

exegese *November 1890 | Weimar* Rudolf Steiner an Richard Specht in Wien: Meine ›Märchen-Exegese‹ habe ich vorläufig zurücklegen müssen, weil mir in der Lektüre etwas sehr Wichtiges aufgestoßen ist, das ich noch gehörig durcharbeiten muss, bevor ich weiter kann. Darüber kann ich aber jetzt noch gar nichts weiteres sagen. Soviel ist sicher: Goethes ganzes Glaubensbekenntnis liegt in diesem Märchen, – und man kann es nicht erklären, ohne gewisse Dinge durchgemacht zu haben, die in der Zeit von 1790-1820 in Deutschland still und unsichtbar sich abspielten. Ich bin auf einer ganz besonderen Spur...

vortrag *27. November 1891 | Wien* Rudolf Steiner hält im Goethe-Verein seinen ersten Märchen-Vortrag: ›Das Geheimnis in Goethes Rätselmärchen in den Unterhaltungen deutscher Ausgewanderter‹.

fragebogen *1892 | Weimar* Steiner, so nachzulesen in einem Fragebogen, ›fürchtete sich vor Pünktlichkeit‹, wäre, wenn nicht er selbst, gern ›Nietzsche vor dem Wahnsinn‹ gewesen und, befragt nach seinem Temperament, antwortete er: ›Wandelbarkeit‹. Das war 1892, als er am Weimarer Goethe-Archiv die Naturwissenschaftlichen Schriften für die Sophien-Ausgabe bearbeitete und gerade zum Doktor der Philosophie promoviert worden war. Neben seinen Goethe-Forschungen ordnete er im Auftrag von Elisabeth Foerster-Nietzsche den Nachlass ihres Bruders, besorgte eine zehnbändige Schopenhauer-Ausgabe und verabschiedete sich schließlich aus Weimar mit einer Monografie ›Friedrich Nietzsche, ein Kämpfer gegen seine Zeit‹ und ›Goethes Weltanschauung‹. All dem vorausgegangen war ein Studium der Naturwissenschaften an der Technischen Hochschule in Wien, 1879–1883, das er mit dem Besuch von Philosophie-Vorlesungen bei Franz Brentano anreicherte. Walter Kugler, aus: Rudolf Steiner: Denker in Farben und Formen, Ankündigung der Ausstellung in Wolfsburg – siehe 13. Mai 2010 › *kunstmagazinberlin.de*

urzelle *1900 | Berlin* Rudolf Steiner ist für einen Vortrag in die Theosophische Bibliothek eingeladen. Das Thema wird ihm freigestellt. Sein Vorschlag: ›Goethes geheime Offenbarung‹. R. Steiner: ›Und in diesem Vortrag wurde ich in Anknüpfung an das Märchen ganz esoterisch.‹ – Mein Lebensgang, 30. Kapitel — ›Und ich versuchte alles dasjenige, was sich anschließen lässt an Goethes Märchen von der grünen Schlange und der schönen Lilie, in diesem Vortrag dazumal vorzubringen. Das war doch eigentlich, ich möchte sagen, die Urzelle dieser Bewegung.‹ *Rudolf Steiner, Vortrag, Dornach, 25. September 1920*

drama, bau, bewegung

ameisenhaufen *Pfingsten 1907 | München* Aufführung des Mysterienspiels ›Das heilige Drama von Eleusis‹, rekonstruiert von Edouard Schuré, in einem mit Siegel und Säulen tempelartig gestalteten Raum. — Marie von Sivers an Schuré: Abgesehen von meinen Obliegenheiten als Sekretärin der Deutschen Sektion und des Kongress-Bureaus hatten wir nur für diese Aufführung einrichten müssen; zwei Kulissen-Ateliers, ein Schneider-Atelier, selbst die Kostüme wurden alle nach Angaben von Dr. Steiner von unseren Mitgliedern gemacht, schließlich zwei weitere Ateliers, wo unsere Maler für die Ausschmückung des Saales, des späteren Tempels, nach den Zeichnungen von Dr. Steiner, arbeiteten. Das gab ein Hin und Her wie in einem Ameisenhaufen – überall eine fiebrige Hast, denn man hatte sich in die großen Ausgaben erst gestürzt, als man wirklich sicher war – mehr oder weniger –, dass man spielen könnte... Ich habe die Prosa-Übersetzung gemacht, und erst hier, im Laufe des letzten Monats, ist Herr Steiner an die Arbeit gegangen, um sie in Rhythmen zu bringen. ... Er hat in allen Künsten und in allen Handwerken gearbeitet, alle angeleitet: Maler, Bildhauer, Musiker, Schreiner, Tapezierer, Schauspieler, Schneiderinnen, Theaterarbeiter, Elektriker. ... Wenn er das nötige Material und die Arbeiter zur Verfügung gehabt hätte, so hätte er in kurzer Zeit etwas Fabelhaftes zuwege gebracht: den Tempel der Zukunft. So konnte er nur Ideen skizzieren, aber sie werden befruchtend wirken.

dwb *6. Oktober 1907 | München* Der Deutsche Werkbund wird als wirtschaftskulturelle ›Vereinigung von Künstlern, Architekten, Unternehmern und Sachverständigen‹ gegründet. Er zielt auf eine ›Veredelung der gewerblichen Arbeit im Zusammenwirken von Kunst, Industrie und Handwerk, durch Erziehung.‹ Hermann Hesse schreibt 1912: ›Im Deutschen Werkbund arbeiten Künstler mit Handwerkern und Fabrikanten zusammen und zwar gegen den Schund zugunsten der Qualitätsarbeit. ... Es handelt sich um den Geschmack als moralische Angelegenheit, aber Moral ist hier gleichbedeutend mit Volkswirtschaft.‹ Nachdem sich die Werkbundgründer gegen Ende des Krieges zurückgezogen hatten, gelangte der Werkbund im Laufe der zwanziger Jahren zunehmend unter den Einfluss der Bauhaus-Ideen.

märchen *27. Dezember 1909 | Berlin* Marie von Sivers an Sophie Stinde in München: ...Gestern nun bat ich den Doktor, sich zu entscheiden, weil so viele Anfragen vorliegen. Da sagte er, er würde gern wieder diesen Kursus mit Theater beginnen. Ja, nun, meinte ich, die Münchner Damen werden an ihren Strapazen vom vorigen Jahr noch zu tragen haben, und wo es denn sein sollte, ob in Karlsruhe, Stuttgart oder Frankfurt. Wenn zum Beispiel ›Iphigenia auf Tauris‹ gespielt würde, könnte man es ja überall machen. Da sagte der Doktor, dass er doch gern das ›Märchen‹ von Goethe stellen würde... Nun müsst Ihr alles genau erwägen... Wir würden nach München kommen können wahrscheinlich gegen oder vor Mitte Juli, und man müsste die Vorstellung eine Woche oder zwei früher haben als im vorigen Jahr, da es Anfang September in Bern losgeht. Es könnte auch sein, daß sich dadurch der Kunstenthusiasmus unserer Mitglieder noch steigert und man die Sammlung für ein Theater [einen Bau] wagt…

mühe *17. Februar 1910 | Basel* Wenn man also sich Mühe geben würde, das Rosenkreuzermysterium so aufzufassen, dass man diese Dinge in den nächsten Jahren aufsuchen würde, dann wäre es auf viele Jahre hinaus nicht nötig, dass ich irgendwelche Vorträge halten müsste… *Rudolf Steiner, Vortrag, GA 125*

probe *August 1910 | München* Alice Fels: Die Art des Probens war folgende: Rudolf Steiner brachte ein Bild oder einen Teil davon morgens mit in die Probe. In der Nacht vorher hatte er dies niedergeschrieben, und frühmorgens um fünf Uhr, wenn alles noch schlief, läutete der Druckerlehrling, dem er öffnete und das Geschriebene persönlich überreichte. … — Um zehn Uhr vormittags trafen alle Teilnehmer im Probenraum ein. Zunächst las Rudolf Steiner mit starker Intonierung und dezidiertem Betonen des Rhythmus das in der Nacht Neuerstandene vor. Dann verteilte er den noch druckfeuchten Text an die Träger der verschiedenen Rollen und ließ ihn so oft lesen und spielen, bis sich die verschiedenartigen Menschen aufeinander abgestimmt hatten. Er leitete die Arbeit derart, dass er niemals die Spieler unterbrach und ›verbesserte‹, sondern dieselbe Szene wieder und wieder vorsprach und vorspielte mit allen mimischen Nuancen und so oft spielen ließ, bis er mit den Schauspielern zufrieden war. Wesentlich schien ihm dabei, die Stimmung, die Atmosphäre eines Bildes zu übermitteln – gewaltig wirkte es, wie er die beiden Bilder im Geistgebiet vorlas. Er stellte sich während des Lesens auf einen Stuhl, und im schwingenden Rhythmus der Verse fühlte sich der Zuhörer mitgetragen in die Weltenweiten. Die Erde wurde einem gleichsam sachte unter den Füßen weggezogen, während die Jamben mit ungeheurer Wucht, stark beschwingt und dabei in strahlender Helle dahinströmten.

unsinn Nicht wahr, es wäre ja Unsinn, ein Drama zu schreiben, bevor es sich um eine Aufführung handelt. *Rudolf Steiner, nach M. Gümbel-Seiling*

stimmung *August 1910 | München* Oskar Schmiedel: Ganz unvergesslich ist mir z.B., wie Rudolf Steiner die Szene vorspielte, in der Strader vor dem von Thomasius gemalten Bild des Capesius steht. Mit einer Eindringlichkeit spielte Rudolf Steiner, dass wir alle, die wir dies miterleben durften, erschüttert waren und eine tiefe Stille danach längere Zeit im Saale herrschte... — Welche immense Arbeit Rudolf Steiner während der Wochen, die der Aufführung vorangegangen waren, leistete, können wohl nur die einigermaßen beurteilen, die diese Zeit in der Nähe Rudolf Steiners erleben durften. ... Das Verwunderliche war, dass man ihm von den Probenanstrengungen nie etwas anmerkte; er war immer der gleiche, immer frisch, freundlich, geduldig und gütig. Überhaupt scheinen diese vier Sommer der Vorbereitungen der Aufführungen seiner Mysterienspiele etwas wie ein Höhepunkt seines Lebens und Wirkens gewesen zu sein. ... Ich kann mich nicht erinnern, Rudolf Steiner in späteren Zeiten in einer gleichen Stimmung erlebt zu haben.

uraufführung *15. August 1910 | Schauspielhaus München* ›Die Pforte der Einweihung‹, Drama durch Rudolf Steiner — Die Aufführung begann um zehn Uhr vormittags und dauerte bis 18 Uhr. Die Darsteller waren zum großen Teil Laien, nur drei ausgebildete Schauspieler. Zu den Veranstaltungen kamen ca. 800 Zuschauer.

keim *16. August 1910* Auf den Brettern spielt sich ein Drama in Bildern ab; in den Herzen der Zuschauer spielt sich ab ein Drama, dessen Kräfte der Zeit angehören. Das, was die Herzen im Zuschauerraum fühlten..., das ist ein Keim für das Leben der Zukunft... *Rudolf Steiner, Vortrag*

fruchtkorb *Sommer 1910 | München* Ich nahm die Mahlzeiten bei Frau von Vacano, die das vegetarische Restaurant ›Fruchtkorb‹ und die kleine dazugehörige Pension führte. Später wurde sie als die ausgezeichnete Übersetzerin der Werke Wladimir Solowjews unter dem Pseudonym Harry Köhler bekannt. Sie war in Russland erzogen, eine starke Persönlichkeit mit viel Schwung und Begeisterungsfähigkeit. Diese Eigenschaften aber vereinigten sich bei ihr mit einer Neigung zur Phantasterei, und im ›Fruchtkorb‹ reiften manche Früchte einer Pseudomystik. Ich fragte mich: Sieht denn Rudolf Steiner das nicht? Erst nach Jahren, als die Dinge sich ad absurdum geführt hatten und erkannt werden konnten, sagte auch er, wie peinlich es ihm z.B. war, auf Vortragsreisen und in den Hörsälen immer von Damen in Lila-Kardinalsfarben umgeben zu sein. Diese Farbe wurde getragen, weil er einmal ausgesprochen hatte, daß das Violett eine sittliche Wirkung habe, die eine geistige sei. *Margarita Woloschin, in: Die grüne Schlange, 1954*

fonds *Sommer 1910 | München* Sophie Stinde, Dr. Felix Peipers, Graf Otto Lerchenfeld, Maler Hermann Linde u.a. gründen den ›Theosophisch-Künstlerischen Fonds‹ zur Sicherstellung der Mysterienspiele ›in voller Erkenntnis der Unerlässlichkeit eines eigenen Baues‹.

kerze *Tagebuch vom 28. März 1911 | Prag* Dr. Steiner wird von seinen abwesenden Schülern in Anspruch genommen. — Beim Vortrag drängen sich die Toten so sehr an ihn. Wissbegierde? Haben sie es aber eigentlich nötig? Offenbar doch. — Schläft zwei Stunden. Seitdem man ihm einmal das elektrische Licht eingestellt hat, hat er immer eine Kerze bei sich. – Er stand Christus sehr nahe. – Er führt in München sein Theaterstück auf (da kannst du es ein Jahr lang studieren und verstehst es nicht), die Kleider hat er gezeichnet, die Musik geschrieben... — Ein Münchner Arzt heilt mit Farben, die Dr. Steiner bestimmt. Er schickt auch Kranke in die Pinakothek mit der Vorschrift, vor einem bestimmten Bild eine halbe Stunde oder länger sich zu konzentrieren. *Franz Kafka*

verein *April 1911 | München* Gründung des ›Johannes-Bauvereins‹, benannt nach dem Protagonisten des Ersten Mysteriendramas, Johannes Thomasius. Ziel: Errichtung eines eigenen Baus für die Mysteriendramen.

bau *8. Juli 1911 | München* Ankauf eines Grundstücks in Schwabing. Dort soll ein Doppelkuppelbau entstehen, der an zwei Straßenseiten von Häusern mit Wohnungen umgeben ist. Beim Entwurf legt Rudolf Steiner den Hauptwert auf die Gestaltung des Innenraums. Das Gebäude soll genau in die Ost-West-Richtung gestellt werden, wobei die kleinere Kuppel nach Osten weist. Die äußere Gestaltung wird weitgehend diesen Gesichtspunkten untergeordnet und im Wesentlichen auch in seiner Formgebung dem damaligen

Baustil angepasst. Der Verwaltungsrat des Vereins richtet an die Mitglieder der Theosophischen Gesellschaft, Deutsche Sektion, und deren Freunde einen Aufruf, in dem zwei Gesichtspunkte im Vordergrund standen: eine Weihestätte für die Mysterienspiele zu schaffen und eine Hochschule für Geisteswissenschaft zu errichten. Bauplan und Modell werden gefertigt. Die Genehmigung durch die Baubehörde zieht sich jedoch hin.

uraufführung *17. August 1911 | Gärtnerplatz-Theater München* ›Die Prüfung der Seele‹, Drama durch Rudolf Steiner.

saalferne *28. August 1911, Goethes Geburtstag | München* Als ich in den Saal trat, überraschte mich die Stimmung. Die Menschen empfand ich großenteils als recht fremd. Ein gewisser Typus von passiver, genusssüchtiger Geistigkeit machte mir sehr zu schaffen. Besonders wenn ich Männer mit langen Haaren sah, war es mir zum Davonlaufen. Später wurde dies alles ja bedeutend besser, als die ›theosophischen‹ Eierschalen abgelegt waren und als Rudolf Steiner immer mehr wissenschaftlich denkende Menschen an sich heranzog. Er litt wohl unter vielem in jenen früheren Jahren, aber er redete grundsätzlich in Äußerlichkeiten nicht hinein, aus Achtung vor der persönlichen Freiheit, und suchte von innen her allmählich zu erziehen. ... Obwohl ich mich außerhalb fühlte und an manchem Anstoß nahm, erweckte es doch meine Teilnahme, wie unromantisch, wie echt und stark hier ein Mensch als Menschheitsereignis empfunden wurde. Alles atmete im Adel des Menschentums, da ein Großer des Menschengeschlechts unter ihnen gefühlt wurde. Man muss so etwas erlebt haben, um zu wissen, wie ein Mensch unausgesprochen in der Mitte der anderen wirken kann. In den künstlerischen Darbietungen kam es besonders zum Ausdruck. Die Mitwirkenden führten ihre Kunst vor nicht wie Menschen, die auf Presse und Publikum sehen, sondern wie Menschen, die sich von einem höheren Menschen durchschaut fühlen und die darum ohne Eitelkeit vor einer offenen göttlichen Welt ihre Opfer darzubringen sich bemühen. Eine ganz neue Ahnung von Kunst als Kultus ging in mir auf. ... Ich saß in meiner Saalferne, entschlossen, unter keinen Umständen mich in eine Massensuggestion hineinreißen zu lassen, aber ebenso auch völlig frei für jeden

Eindruck zu sein. ... Auch für die Frage, ob sich bei dem Vielverehrten menschliche Schwächen zeigen, die auf seine Verkündung ihre Schatten werfen, hatte ich als einer, der viel unter Predigtberühmtheiten gelebt und gelitten hat, ein besonders scharfes Auge. Mit aller Sicherheit sage ich, dass die Vorwürfe, die Rudolf Steiner solche Alltagsschwächen wie Eitelkeit oder Effekthascherei andichten, völlig in die Irre gehen. Sie beruhen auf flüchtigen, ungeprüften Ersteindrücken und sanken in der wirklichen Nähe seiner Persönlichkeit völlig wesenlos zu Boden. Wenn es ein gerades Gegenteil von persönlicher Eitelkeit gibt, so war es Rudolf Steiner. Und für Effekthascherei war er nicht nur viel zu gewissenhaft, sondern schon zu klug. ... Mit einer beglückenden Ahnung, dass sich volle religöse Größe mit dem klarsten Denken und dem freiesten Forschen vereinigen lässt, ging ich nach Hause. *Friedrich Rittelmeyer, evangelischer Pfarrer in Nürnberg, als Theologe bekannt und angesehen, begegnet zum ersten Mal Rudolf Steiner. Später gründet er die Christengemeinschaft. In: Meine Lebensbegegnung mit Rudolf Steiner.*

ausstellung *18. Dezember 1911 bis 1. Januar 1912 | München* Wassily Kandinsky und Franz Marc veranstalten eine Ausstellung. Die ersten Exemplare des ›Geistigen in der Kunst‹ erscheinen. — Franz Marc: Die neueste malerische Bewegung in Frankreich, Deutschland und Russland zeigt ihre feinen Verbindungsfäden mit der Gotik und den Primitiven, mit Afrika und dem großen Orient, mit der so ausdrucksstarken ursprünglichen Volkskunst und Kinderkunst, besonders mit der modernen musikalischen Bewegung in Europa und den neuen Bühnenideen unserer Zeit.

blau *Mai 1912 | München* Wassily Kandinsky: ›Den Namen ›Der Blaue Reiter‹ erfanden wir am Kaffeetisch in der Gartenlaube... Beide liebten wir Blau, Marc – Pferde, ich – Reiter. So kam der Name von selbst.‹ Zur Farbe Blau, schrieb Kandinsky: ›Je tiefer das Blau wird, desto tiefer ruft es den Menschen in das Unendliche, weckt in ihm die Sehnsucht nach Reinem und schließlich Übersinnlichem. Es ist die Farbe des Himmels.‹

uraufführung *24. August 1912 | Gärtnerplatz-Theater München* ›Der Hüter der Schwelle‹, Rudolf Steiner

bewegung *Sommer 1912* Bei der Einstudierung des dritten Mysteriendramas hatten Gedankenwesen, den Worten Luzifers und Ahrimans folgend, tanzartige Bewegungen aufzuführen, die als Keim der Eurythmie bezeichnet werden können. Lory Smits durfte an den im Juli stattfindenden Proben anwesend sein und sollte während dieser Wochen Unterweisungen in der von ihr angestrebten neuen Bewegungskunst erhalten. — ›Ich aber wartete von Tag zu Tag, dass Dr. Steiner mich rufen ließe und die ›Stunden‹ beginnen könnten. Endlich, eines Tages, begegnete ich ihm unter einer Tür. Vielleicht habe ich ihn sehr fragend und erwartungsvoll angesehen, jedenfalls legte er mir die Hand auf die Schulter und sagte: ›Ja, Kleine, es gehört die Weisheit der ganzen Welt dazu – ich kann es Ihnen jetzt noch nicht sagen. Ich kann mir in diesen Wochen hier nicht die Zeit nehmen, die ich dazu brauche.‹ Er vertröstete auf den September in Basel. Einen Tag vor unserer Abreise von München wurden wir, meine Mutter und ich, dann doch noch überraschend zu Rudolf Steiner gerufen, und in dieser abendlichen Besprechung gab er die ersten konkreten Angaben über drei Vokale.‹ *Lory Maier-Smits, in: Wir erlebten Rudolf Steiner, Erinnerungen seiner Schüler*

gesellschaft *1. bis 7. September 1912* In diesen Tagen vollzog sich die Geburt der Anthroposophischen Gesellschaft. Es fanden unter den zahlreichen, aus vielen Ländern und Zweigen zusammengekommenen Mitgliedern gründliche Verhandlungen statt, die eindeutig den Willen offenbarten, in Zukunft vollständig unabhängig von der dem Wirken Rudolf Steiners und seiner Schüler schon seit langem gänzlich entfremdeten Theosophischen Gesellschaft zu arbeiten. *Günther Wachsmuth*

ausgrabung *6. Dezember 1912 | Ägypten* Nofretete – ›die Schöne ist gekommen‹, Gemahlin Echnatons, erscheint bei Ausgrabungen der Deutschen Orient-Gesellschaft. Die Büste aus Kalkstein und Gips wird im Januar 1913 nach Berlin gebracht.

fließband *1913 | Detroit* Henry Ford zergliedert die Automobilproduktion und schafft damit die Voraussetzung zum billigen Massenprodukt. Die Fließbandtechnik hat Ford von Fleischfabriken abgeschaut. Jeder Arbeiter macht nun wenige, immer gleiche Handgriffe. Die Fahrwerke werden so in 93 Minuten, statt in zwölfeinhalb Stunden, fertig. Die Arbeiter bekommen einen hohen Stundenlohn zur Stärkung der Kaufkraft.

uraufführung *22. August 1913 | Volkstheater München* ›Der Seelen Erwachen‹, Drama von Rudolf Steiner. — Das Drama führte noch in der Programmankündigung den Titel ›Marias und Thomasius' Erwachen‹ (oder ›Das Jenseits der Schwelle‹). Kompositionen von Adolf Arenson ergänzten an bestimmten Stellen Wort und Spiel. Es kamen etwa 1000 Besucher.

gnomentanz *Sommer 1913 | München* Tatjana Kisselieff: Bisher hatte Dr. Steiner in den Unterweisungen nur einzelne Bewegungen gezeigt. Jetzt aber nahm er während der Probe zwei kleine Stöcke in die Hände, bückte sich und begann, einen Gnomentanz aufzuführen, so unglaublich charakteristisch und mit solch erstaunlicher Beweglichkeit des ganzen Körpers und auch des Gesichtes, dass wir vor Staunen lange sprachlos und wie gefesselt blieben. Die uns bekannte Gestalt war gleichsam verschwunden, und wir hatten ein Wesen vor uns von erschütternder Ausdruckskraft.

geburtshelferin *28. August 1913 | München* ›In einer ganz wunderbaren Weise hat sich herausgestellt in vielen Konferenzen mit Frau Felicia, dass man eine intime Sprache, eine Ausdruckssprache – man darf es schon gebrauchen, das Wort, tanzen kann. Kurz, es ist ein Ausdruckstanzen möglich, gewissermaßen eine Kunst der Bewegung, die wir uns erlaubt haben, die Kunst der Eurythmie zu nennen: eine Art Sprache durch Bewegung, eine solche Sprache, welche in einem gewissen sehr schönen Verhältnis stehen kann zu den Vorgängen, welche in der geistigen Welt sich abspielen. Denn Frau Felicia konnte nämlich, wenn auch unbewusst, aus der Welt der Formen, welche die Welt des physischen Planes ist, dann, wenn sie ihr Herz in das Gehirn hineinstrahlen ließ, auch Blicke in die Welt der Geister der Bewegung tun. Und da empfing sie ihre Märchen.‹ *Rudolf Steiner, Vortrag, GA 147*

ausgangspunkt *8. September 1913 | München* Christian Morgenstern an Christian Kayssler: Das Steinersche Mysterium ist kein Spiel, sondern es spiegelt geistige Welten und Wahrheiten wider. Es leitet ein, mag sein noch mit mancher Mühsal eines Anfangswerkes, einer ersten Tat beladen, eine neue Stufe, eine neue Epoche der Kunst. Diese Epoche selbst ist noch fern; es können hunderte von Jahren vergehen, bis die Menschen, die diese rein geistige Kunst wollen, so zahlreich geworden sind, dass etwa in jeder Stadt Mysterien solcher Art würdig geboten und empfangen werden können – aber hier in der ›Pforte‹ ist ihr historischer Ausgangspunkt, hier wohnen wir ihrer Geburt bei. — Was du da in Händen hast, ist ja außerdem nur der Anfang, dem bereits drei Fortsetzungen, Weitergestaltungen folgten und der noch Weiteres und Weiteres nach sich ziehen wird. Etwas Ungeheures entsteht da vor uns und mit uns – eine geistige Gebirgslandschaft, die man ein Leben lang nicht zu Ende ergründen und auslernen kann. Du magst denken, ich habe gut reden, aber was beweist das schließlich, als dass ich eben von alledem sehr eingenommen bin.

generalversammlung *2. und 3. Februar 1913 | Berlin* Gründung der Anthroposophischen Gesellschaft.

grundstein *20. September 1913 | Dornach* Schweizer Mitglieder der Anthroposophischen Gesellschaft haben in Dornach, Kanton Solothurn, Grund und Boden zur Verfügung gestellt. Das Schicksal führt von München weg in die Schweiz. Dort wird der Grundstein zum ersten Gotheanum gelegt. Seine Innenraumgestaltung geht auf das von Rudolf Steiner für München angefertigte Modell zurück. — In Deutschland brach 1914 der Erste Weltkrieg aus. Das Münchener Grundstück wurde während des Krieges von Mitgliedern der Gesellschaft mit Gemüse bepflanzt und nach Kriegsende verkauft.

unvollendet *1. August 1914* Für den Sommer 1914 ist die Aufführung eines fünften Mysteriendramas geplant. Doch der Krieg bricht aus. Das Drama war bereits konzipiert, ein Rückblick auf eine frühere Inkarnation sollte in Griechenland spielen. Rudolf Steiner wollte es aber, wie in den Vorjahren, erst vor Beginn der Proben niederschreiben. Der Erste Weltkrieg trat dazwischen. Rudolf Steiner hat kein weiteres Drama mehr niedergeschrieben, es haben sich auch keine Notizen oder Entwürfe gefunden.

gold *25. September 1916 | Dornach* Und suchen wir eine der schönsten Vergeistigungen dieser Weisheit, die, wie wir beschrieben, in die Weltentwickelung Europas eingezogen ist, so finden wir sie eben in alle dem, was wirken und leben will in den gewaltigen Imaginationen Goethes. Goethe wusste um das Geheimnis der Templer. Und nicht umsonst hat er das Gold in der Weise, wie er es verwendet hat, verwendet in seinem ›Märchen

von der grünen Schlange und der schönen Lilie‹ und gefordert, dass die Schlange das Gold verzehre und sich dann opfere, damit das Gold entrissen werde den Mächten, von denen Goethe wahrhaftig wusste, dass es nicht bei ihnen sein darf, bleiben darf. Mit Gold ist selbstverständlich hier auch all dasjenige gemeint, wofür das Gold reales Symbolum ist. Und lesen Sie das ›Märchen von der grünen Schlange und der schönen Lilie‹ von Goethe noch einmal, und versuchen Sie zu fühlen, wie Goethe das Geheimnis vom Golde kannte und wie er durch die Art und Weise, wie er das Gold durch das Märchen fließen ließ, zeigt, dass er in alte Zeiten zurückblickt. *Rudolf Steiner Vortrag*

kernpunkte *22. November 1920 | Stuttgart* Die ›Kernpunkte der sozialen Frage‹ sind schon Goetheanismus, richtig verstanden, aber eben Goetheanismus im 20. Jahrhundert. Goethe lebte zwar noch nicht in einer Zeit, in welcher man eine Geisteswissenschaft begründen konnte, daher hatte er eine gewisse Scheu, den Märchenbildern irgendwie scharf zu Leibe zu gehen. Aber er deutet doch an, dass er eigentlich etwas meinte wie einen Zukunftszustand des sozialen Lebens. Sie finden das gut ausgedrückt in dem Schlusse des Märchens…, aber er möchte nicht durchbrechen bis zu einer scharfen Charakteristik. Er sagte nicht, das soziale Leben müsse dreigegliedert sein, so wie dreigegliedert sein muss dasjenige, was er darstellt durch den goldenen König, den König der Weisheit; den silbernen König, den König des äußeren Scheins, des Scheinlebens, des politischen Lebens; den ehernen König des Lebens im Materiellen, im Wirtschaftlichen. Er stellt ja auch dar den Einheitsstaat in dem gemischten König, der in sich selber zusammensinkt; aber er bricht nicht durch zu dieser Charakteristik. … Aber als die ›Pforte der Einweihung‹ geschrieben wurde, war auch schon die Zeit vorhanden, wo man mit diesen Dingen bald in das Leben hinausgehen konnte. *Rudolf Steiner Vortrag*

eröffnung *25. September 1920 | Dornach* Dessen muss ich gedenken, wenn wir nunmehr morgen beginnen mit einer wichtigen Etappe in unserer Bewegung hier am Goetheanum. Eigentlich ist es sehr schön, daß diese Bewegung damit zu ihrem Anfange – wenigstens für mich und für dasjenige, was ich zu tun habe in der Bewegung – zurückkehrt. Es ist mit Goethe begonnen worden, und nun beginnen wir morgen etwas außerordentlich Wichtiges in dem Bau, der von Goethe seinen Namen erhielt. Sie sehen also, es ist etwas von Konstanz, von Stetigkeit schon in dem ganzen Fortgang unserer Bewegung. *Rudolf Steiner, Vortrag*

wirtschaft *September 1921 | München* Walther Rathenau, Industrieller, Weimarer Politiker und Autor, erinnert in einer Münchener Rede an Napoléons Wort gegenüber Goethe ›Die Politik ist das Schicksal‹ und bemerkt: ›Dieses große Wort ist hundert Jahre lang wahr geblieben. ... Aber auch dieses Wort hat seine begrenzte Dauer. Es wird der Tag kommen, wo es sich wandelt und wo das Wort lautet: Die Wirtschaft ist das Schicksal.‹

brand *31. Dezember 1922 | Dornach* In der Silvesternacht wird das erste Goetheanum durch Brandstiftung bis auf den Betonsockel vernichtet. Die im Sommer 1923 geplante Wiederaufnahme der Mysteriendramen kann nicht stattfinden.

miniaturbilder *8. Juli 1924 | Dornach* Werfen wir die Frage auf: Was ist Anthroposophie ihrer Realität nach? Ja, meine lieben Freunde, wenn Sie alle die wunderbaren majestätischen Imaginationen durchschauen, die als ein übersinnlicher Kultus in der ersten Hälfte des 19. Jahrhunderts dastanden, und das in Menschenbegriffe übersetzen, dann haben Sie Anthroposophie. Für das nächst höhere Erlebnisniveau, für die nächste geistige Welt, aus der der Mensch heruntersteigt ins irdische Dasein, war Anthroposophie da in der ersten Hälfte des 19. Jahrhunderts. Nicht auf der Erde war sie, aber da war sie. Und wenn heute Anthroposophie geschaut wird, dann schaut man sie nach der Richtung der ersten Hälfte des 19. Jahrhunderts; ganz selbstverständlich schaut man sie dort. Sogar schon am Ende des 18. Jahrhunderts schaut man sie. Und sehen Sie, Menschen können folgendes Erlebnis haben. Es gibt eine Persönlichkeit, die war einmal in einer ganz besonderen Lage. Durch einen Freund wurde die große Rätselfrage des menschlichen Erdendaseins aufgeworfen. Aber dieser Freund war etwas verstrickt in das ›kantige‹ Kantsche Denken – und so kam die Sache in einer abstrakt-philosophischen Weise heraus. Der andere konnte sich nicht hineinfinden in das kantige Kantsche Denken. Und alles rührte in seiner Seele diese

Frage auf: wie hängt Vernunft und Sinnlichkeit im Menschen zusammen? Da öffneten sich gewissermaßen – nicht Tore, aber Schleusen, die für einen Moment hereinleuchten ließen in diese Seele jene Regionen der Welt, in der sich abspielten jene gewaltigen Imaginationen. Und da kam das, was so, nicht durch Tore, nicht durch Fenster, aber durch Schleusen hereinkam, in, ich möchte sagen, Miniaturbilder übersetzt, heraus als das ›Märchen von der grünen Schlange und der schönen Lilie‹. Denn die Persönlichkeit, die ich meine, ist Goethe. Es sind Miniaturbilder, kleine Spiegelbilder, sogar manchmal ins Liebliche übersetzt, was da herunterkam in dem Märchen. Es braucht daher gar nicht besonders wunderbar zu erscheinen, dass, als es sich darum handelte, das Anthroposophische in künstlerischen Bildern zu geben, wo ja auch zurückgegangen werden musste auf die Imaginationen, da meine ›Pforte der Einweihung‹ in der Struktur – wenn auch im ganzen Inhalte anders – ähnlich wurde dem Märchen. *Rudolf Steiner, Vortrag*

wiederaufnahme *1928 | Dornach* Nach dem Tod Rudolf Steiners 1925 wurden ›Die Pforte der Einweihung‹ und ›Die Prüfung der Seele‹ zur Eröffnung des zweiten Goetheanums in Dornach unter der Leitung von Marie Steiner aufgeführt. 1929 Wiederaufnahme des ›Hüters der Schwelle‹ und ›Der Seelen Erwachen‹ unter der Leitung von Marie Steiner.

gegenwart

Der Seele Erschlafen *2005 | Dornach* Ich setze mich in einen Zug, um 16 Stunden später in einem schweizerischen Hügeldorf anzukommen. Ziel ist, die mir bis dato unbekannten Mysteriendramen ›in einem Zug‹ durchzulesen. – Ein ermüdender Kampf beginnt, in welchem ich mit den Fremdheiten dieser Sprache ringe, mich durch die Verzwicktheiten der Handlung kniffele und ahnungslose Sprungversuche über die klaffenden Lücken im Verständnis wage. Türkische Großfamilien beobachten wehleidig, wie ich mit allerlei Stiften bewaffnet versuche, einzelne Charaktere schematisch, aber bunt, auseinander zu klamüsern. Dazwischen Schlafattacken der Widersacher auf meine Augenlider. Überwinde ich die Schwere, verschluckt es mich so, dass ich beinahe meinen Anschlusszug verpasse! Aufgesaugt oder abgedämpft, so kämpfe ich mich durch die 49 Bilder … — Zur ersehnten Stunde finde ich mich mit tausend grau- bis weisshaarigen Mitstreitern im überfärbten Saal des Goetheanum, den ich erstmalig besehen und besitzen darf. Doch selbst hier werde ich abermals versucht: Schlafdämonen umsäuseln mich. Täglich bis zu acht Stunden währt das Gefecht, in dem ich versuche, meine Seele am Entwischen ihres Körpers zu hindern. Ständig will sie sich an geeignete Wortlauten anschmiegen, um mit ihnen verhallend hinauszuschwinden. — Hätte ich nicht im Pausengespräch vom ›okkulten Schlafphänomen‹, gehört – welches besagt, das man sich erst langsam an die höhere Dosis Geist gewöhnen muss – ich hätte mich als versagender Geistschüler abgestempelt. — Nun bemerke ich, dass im minutenhaften Wegdämmern ganz eigene Qualitäten schlummern. Nicke ich weg, so wird es schlagartig dunkel – Totalausfall, absolute Leere – komme ich zurück, dann, zack, schiess ich wie auf einen Schlag wieder herein. Meine Augen werden aufgerissen, ich bin hellwach und empfange unmittelbar eine tief treffende Textstelle, wie: ›Es wird geschehen, was geschehen soll. Dieses Wort entspricht der Stelle eurer Reife!‹ Wie geheime Nachrichten brennen sich diese Zufallserweckungen ins Gedächtnis. Es scheint, als ob ein weise geführtes Gummiband mich an vorbestimmten Stellen herauszieht und im passenden Moment zurückschnellen lässt. Ja, ich beginne diese zensierte Version zu genießen, die ich als massgeschneidert auf meinen Bewusstseinsgrad anerkenne. *Jonas von Kühn*

innenton *Neujahr 2010 | Goetheanum* 20 Stunden Mysteriendramen. Was trifft tief? Welche Sätze vibrieren noch Tage später durch den Leib? Die Dramen klären trübe Augen für die Bildsprache der eigenen Seele. Das gewöhnliche Bewusstsein verbrennt unter der Schärfe dieser Linse. Doch ich kann die Bewusstseinshöhe nicht halten. Was bleibt, bildet still den Lebensuntergrund, der mich trägt durch Alltagsdimmer. Auch hier stehen Menschen beieinander. ›Was Karma spinnt im Weltenwerden‹, ist sehr konkret. Keine nebulöse Seelenverwandtschaft, sondern unabdingbare Bezüglichkeit: ›Du sollst Dir kein Bildnis machen‹ – ein Ja zur Treue, ein Nein zu den Vorstellungen, die uns binden. Treue meint, die mir Verbundenen stets neu anzuschauen. Ständiges Aufbrechen meines verkrusteten Blickes. ›Neue‹ Beziehungen sind voll von Verzicht. Vorstellungen lassen sich nicht leben wie vorgestellt. Es kommt anders. Es blitzt etwas auf, was mich auseinanderzieht: ›Fasse, was Du fassen kannst!‹ Schwellentänzer sollen wir werden, damit wir immer wieder fassen und lassen, bis wir es wagen, uns in den Höhen zu halten. – Aber das ist Gnade. *Jana Würker*

wedding *Januar 2010 | Berlin* Eingeladen bei Eurythmisten, die einen Kulturraum gründen. Das Projekt will Schauspiel und Eurythmie verbinden. – Doch wie arbeiten beide Künste miteinander? Wir suchen Beispiele und kommen zu der Frage: Wie sprechen Menschen mit Engeln und Engel mit Menschen? Dann führt das Gespräch zum Gegensatz Kunstprojekt vs. Sozialprojekt. Wie kann Kunst, die besonders in sich und in der Ensemblearbeit ihren Sinn sieht, in Berlin-Wedding eine Berechtigung finden? Wäre nicht in diesem Stadtteil, mit hoher Anzahl an Immigranten, eine soziale Initiative wichtiger? Aber wie soll sich die Kunst jemals behaupten, wenn sie immer gegenüber der Not in der Welt ausgespielt wird? Wie steht es mit der Finanzierung des anthroposophischen Kunstimpulses? – Sophia und Estella winken. *Benjamin Kolass*

kulissen Wenn ich als Kind allein durch die Straßen lief, der Nachdenklichkeit verpflichtet, verfiel ich oft in die Stimmung ›Alles ist Kulisse‹ – Alle Häuser, Straßen und Menschen sind Kulisse – erbaut als mein Schicksal. — Alle Häuser sind leer. Alle Menschen erscheinen nur zu ihren Auftritten, eben dann, wenn ich eintrete. Alle Menschen sind mir Schauspieler, die im Zusammenspiel meine Prüfungen, meine Möglichkeiten darstellen. Alles wird für mich in Szene gesetzt und steht offen für meine Handlung. Aus dieser werden die nächsten Sets geschrieben. — Neulich erzählte ich einem Freund von diesen urigen Welteindrücken. Er lächelte wissend durch seine Brille – als hätte die Regie lange auf diesen Text von mir gewartet. Selbstverständlich verlor er kein Wort darüber. *Philipp Tok*

inspiration *25. Januar 2010 | email an Philipp Tok* Die inspirierenden Wesen geben die Mitteilungen über die Wahrheit in individualisierten Bildern und Worten, so dass der Mensch, dem die

Inspiration zuteil wird, diese Mitteilung versteht, denn sie ist an ihn gerichtet. — Von Sonderfällen mal abgesehen liegt dem künstlerischen Ausdruck eine individuelle Inspiration zugrunde. Über ihre Richtigkeit kann man nicht streiten – genauso wenig, wie man über die Liebe streiten kann. Man kann sich zwar darüber aufregen, wieso sich ein Mensch in einen ›hässlichen‹ Menschen verliebt, doch wird man sich der Tatsache, dass er liebt, beugen müssen. Man kann nicht sagen: Das kann keine Liebe sein, wenn man sich in einen hässlichen Menschen verliebt. Genau das tun wir aber in der Kunst. Wir behaupten, dass da keine Wahrheit sei, wo das Ergebnis unseren Geschmack nicht befriedigt. — Will man den Geschmack universalisieren, so gerät man in die gefährliche Nähe von der Uniformierung der Gedanken, wie wir dies von totalitären Systemen her kennen. Das muss ich zur Kenntnis nehmen, dass wir dieser Gefahr ständig erliegen, doch ärgert es mich dennoch. — Die Frage, wie man heute die Mysteriendramen inszenieren müsste, ist keine wirkliche Frage – und folglich wird man auch keine Antwort darauf finden. Dennoch stellen wir sie immer wieder. Warum nur? Misstrauen wir den Wachstumsgesetzen des Geistes so sehr, dass wir ›Sicherungen‹ einbauen müssen? Oder trauen wir unseren Mitmenschen im Grunde nicht zu, dass sie in den Dialog mit geistigen Wesen eintreten können? Wie man die Dramen heute inszenieren müsste, läßt sich nur von den Menschen beantworten, die sich aktiv mit dem Material auseinandersetzen. Alles andere ist schöngeistiges Gerede. *Jobst Langhans*

letter *moving forward by taking a step back | January 29th 2010 | Dornach* My dear friends. I will leave the Youth Section in summer 2011. — Many of you already know that I have always said that I will not stay too long. After 10 years of positive and growing work, in a situation where the Youth Section is blossoming all over the world, it can be healthy to leave the space open for a totally new situation. What we have built up is strong. We have our themes, our ways of working and our ways of dealing with initiatives. This will continue to work and grow independent, I hope. — I still feel I have a lot initiative forces in me, and I want to develop them in a new context to be able to change and also to continue part of my working profile. I think it is not healthy to stay too long in a leading position, because it can result in a blockade of new impulses, into stagnation. — Being part of the leadership at the Goetheanum has given me a lot, and I am really grateful for everything, especially all the people I have got to know in many countries. Also the close connection to the source of anthroposophy is something that is worth gold. Working close with other section leaders, members of the Vorstand and the General Secretaries has given me valuable insight and courage to move on. The Goetheanum is facing challenges in connection with the current situation of our time. I realize that my influence in the future of the anthroposophical movement can be more fruitful if I work from ‹another place‹, and I understand that there is a special time for a special task for certain people, and that it changes. I see that we have built up something ›new‹, and that this ›new‹ is present in the world and will continue to grow and find its way. — For me there is a deep connection with the themes and needs of our time making the core approach for any initiative inspired out of anthroposophy. The ethical and social questions in this context will continue to be my ›star‹. — Let's just think that we will continue our work, and I am sure there will be surprising new ways of ›finding each other‹ independent of the Youth Section.

Elizabeth Wirsching | Leiterin der Jugendsektion am Goetheanum | elizabeth@youthsection.org youthsection.org

traum *Inszenierung von Robert Wilson | 18. Februar 10 | Berliner Ensemble* Surreale Bilder, Musik durch alle Stile, androgyne Schauspieler. Robert Wilson hat aus Shakespeares Sonetten und Musik von Rufus Wainwright ein süffiges Musiktheater gemacht. Es passt in die Tradition des Hauses, zu den Gassenhauern von Brecht und Weill. Wilson erzählt Geschichten in Bühnenbildern. Puppenhaft werden die Schauspieler in diesen Bildern platziert und beleuchtet. Von den Texten klingt ein Sonett besonders nach, in der Übersetzung von Christa Schuenke und Martin Flörchinger: Ich seh viel mehr, mach ich die Augen zu / Profanes nur seh'n sie zur Tageszeit. / Doch wenn ich schlaf, erscheinst im Traum mir du, / Traums Dunkel hell erhellt die Dunkelheit. // Du, dessen Schatten, Schatten licht macht, sag, / Was zeigt

dein Schattenbild für Bilderwelt? / Da du mehr Licht bist als der Tag bei Tag, / Wenn schon dein Schatten so den Blick erhellt! // Wie, sag ich, müsste ich erleuchtet sein / Könnt' ich dich seh'n bei Tages wahrem Licht, / Wenn schon bei Nacht dein Schattenschein / Zum blinden Auge Bahn sich bricht. // Tag wird zu Nacht, kann ich dich nicht seh'n / Und Nacht wird Tag, lässt Traum dein Bild ersteh'n. › *berlinerensemble.de*

suche *Wikipedia* Mysterium: griechisch mysterion, ursprünglich für kultische Feiern mit einem geheim bleibenden Kern, volkstümlich auch abgeleitet von myo, den Mund schließen, ein Sachverhalt, welcher sich der eindeutigen Aussagbarkeit und Erklärbarkeit prinzipiell entzieht.

frage *29. Januar 2010 | email* Liebe Menschen! Meine Frage bezieht sich auf die Mysteriendramen von Rudolf Steiner – ob als Aufführung schon mal erlebt oder als Leseeindruck: Was sagen Dir diese vier rätselhaften Schicksals-Teppiche, dieses Gewebe aus ungewöhnlicher Sprache und Bildern? Gute Mysterien – am Bahnhof oder sonstdewo… *Jonas von der Gathen*

antwort eins *29. Januar 2010* My answer is simple: They do not touch me at all at present! I had to study them as part of my speech and drama training, but as life would have it, I have never seen them performed. I felt they were far above me and I did not easily relate to them, despite being asked to as a student of Steiner's drama. I have reached the stage where I would like to have a reading group and study them here in New Zealand, and wish I could afford to travel to see them performed again in Dornach. best wishes… *Robyn Hewetson*

antwort zwei *30. Januar 2010* Mich hat ein bisschen erschrocken, dass das Schicksal von Johannes an mein eigenes erinnert. Beide waren wir Künstler und haben unsere Schöpfungskraft verloren. Für eine Weile hat die geistige Welt uns ernährt, aber dann haben die Mitmenschen, als Werkzeuge des Schicksals, eine neue Probe gelegt, und wir mussten wieder auf die Kunst verzichten… Ich habe die Dramen immer am richtigen Punkt in meinem Leben gelesen, die Themen haben mich passend berührt. Aber letzten Sommer war zu früh für das vierte. Von dieser gesellschaftlichen und wirtschaftlichen Aktivität habe ich nur wenig verstanden, so habe ich es nicht ausgelesen. Das Ende des Märchens weiss ich sozusagen noch nicht… *Pirkko Holmberg*

antwort drei *30. Januar 2010* Lieber Jonas, ich finde die Frage interressant. Ich wage Antwort. Verzeihung. Ich bin Franzose, und versuche doch, mich auf Deutsch auszudrücken: Die Dramen sagen mir: Erlebe die Sozialbedingungen des Geistschauens! Anschauen der Beziehung zwischen Allein- und Zusammensein! Verstehe die Bedeutung spiritueller Gemeinschaft! – Sowas? *Louis Defèche*

antwort vier *30. Januar 2010* Bonsoir, Jonas. Es begeistert mich, wie da der Doppelgänger, dort der Wille, anderswo der große Hüter oder noch andere Wesen und Kräfte in diesem Eingeweihten-Werk ergreifender, umfangreicher, plastischer und inspirierender zu ›erhaschen‹ sind als sonstwo in den GAs. Amicalement… *Jean-Sébastien Catalan*

antwort fünf *19. Februar 2010* Faust hoch 4. Wer meint, Faust verstanden zu haben, der mache sich an die MyDras. — Man kommt mit einer Frage und geht mit drei. Mehr dazu dann im nächsten Leben. — PS: Übrigens planen wir Jungmediziner ein Treffen zu ›Gesundheit und Krankheit, Heilung und Schicksal in den Mysteriendramen‹ im Rahmen der Gesamtaufführung an Weihnachten 2010. *Natascha Neisecke*

antwort sechs *30. Januar 2010* I am here in the Philipines with Seth Jordan from ›Think Out-Word‹ and we are working on a documentary about Nicanor Perlas. This is where I would say the mystery drama of my life plays out at the moment – in the moment. Not the plays per se, but Steiner's work on the evolution of consciousness and our unfolding role in a mission along time coming. Sketches on a dry erase board of world evolution and human evolution next to the nitty gritty of a political campaign. Best to you, brother, and I look forward to our paths crossing again. At Focus in April? *Jordan Walker*

antwort sieben *1. Februar 2010* Die Mysteriendramen als Schauspiel sind unglaublich anstrengend, weil man sich nicht nur mit einer Rolle, dem Guten oder dem Gegenspieler, identifizieren kann, sondern man ist alle! Ich bin jede Rolle! Jede hat auf ihre Weise ›recht‹. Acht Stunden

Selbstgespräch! Acht Stunden Meditation – das muss man erst mal verarbeiten. *Vera Koppehel*

antwort acht *04. Februar 2010* lieber jonathan, scheu vor benennungen. daher nur andeutende bröckchen. aufleuchtende seelenlichter, unüberhörte unüberhörbare, unerhörte zwischentöne, ineinanderschauende, mächtig menschliches, höhentiefen, viele, viele beweglichkeitsgradmesserchen. *Christine Baur*

antwort neun *10. Februar 2010* Das Eintauchen in die Figuren und ihre Entwicklung war ein Keimerleben für eigenes Durchdenken von Geschichtsepochen und ihren gespiegelten wie reziproken Verhältnissen. Ein gesteigertes Empfinden für in meine Biografie eintauchende Zeitgenossen und unsere gemeinsame Freiheitsaufgabe. *Jean-Marie Weber*

antwort zehn *22. April 2010* Lieber Jonas, ich habe mir vor ein paar Jahren eine ›Auszeit‹ gegönnt und durfte in die leere Wohnung meines Dornacher Freundes. Es war so eine Idee; ich frage Walter und fahre mir die Mysteriendramen anschauen. Damals habe ich alle vier hintereinander erlebt. Es war liebevoll und altmodisch inszeniert, alles war fein und ok so. Der Text hat mich, der das noch nicht kannte, mit offenem Mund erwischt. Wie es sich ›menschlich‹ und sprachlich zuzuspitzen schien, um dann im vierten ganz alltägliche Themen zu zeigen. Die Frage, wie Künstler in die Unternehmen passen, ist mir ein Herzensanliegen geworden, schon vor meiner Zeit des vierten Dramas. Es ist möglich, dass das vierte Drama nicht so anschlägt, wenn man nicht ständig mit Managern und Künstlern zu tun hat, doch kann man alle Mysteriendramen ruhig bei sich zulassen. Ich verstehe Faust II auch immer noch nicht, doch liebe ich diese Zeilen, auf meine Art eben. Die ersten drei Dramen zeigen so schöne, rätselhafte Inhalte, und das vierte ist so auf's Maul geschaut echt, da gehe ich davon aus, dass es bei den ersten drei ähnlich ist, wenn man an dieser oder jener Stelle gerade arbeitet. Dann wird es ständig blitzen, irgendwie, wenn man durchlässig bleibt… Passenderweise konnte ich mir Ostern den vierten Teil in der neuen Inszenierung ansehen und bin wieder frappiert über die Aktualität des Textes. *Konstantin Adamopoulos*

orientierung *ab März 2010 | Berlin* Im Kaspar Hauser Forum findet dieses Jahr zum zweiten Mal das Anthroposophische Grundlagenjahr statt. Es gibt eine Orientierung in den Grundlagen der Anthroposophie und den Gebieten Menschenkunde, Sinneslehre, Biografiearbeit, Medizin, Heilpädagogik und Landwirtschaft. Die sieben Wochenenden werden mit künstlerischer Arbeit wie Eurythmie, Malen, Musik und Sinneserleben begleitet. › *Sonja Zausch | info@khf-berlin.de | agljahr.de*

romanus *3. April 2010 | email an Claudius Weise* Anbei mein Romanus-Portrait. Aktuelle Frage: ›Warum redet Romanus im Gespräch mit dem Bürochef vom Karma?‹ *Benjamin Kolass*

qualifikation *3. April 2010 | email an Benjamin Kolass* Wenn die Entfremdung der Arbeitswelt aufgehoben werden soll, wenn der Mensch nicht mehr bloßer Funktionsträger sein soll und damit auch nicht mehr fungibel, austauschbar, dann muss der Satz vom Karma des Berufs eine erlebbare, nachvollziehbare Wirklichkeit haben. Die Menschen müssen erleben dürfen, dass ihr Beruf wirklich etwas mit ihnen selbst, mit ihrem Wesen, zu tun hat, und damit auch mit ihrem Karma. — Umgekehrt bedeutet das eine Neubewertung des Begriffs der Qualifikation. Es müsste dann gefragt werden, ob es karmisch richtig ist, diesen oder jenen Menschen an eine Stelle im Arbeitsprozess zu setzen. Die Arbeitsgemeinschaft wäre dann immer auch eine Schicksalsgemeinschaft. — Es könnte sein, dass nur eine Arbeitsgemeinschaft, deren Mitglieder sich auch als Schicksalsgemeinschaft empfinden, zu solchen Leistungen fähig sind, die von der Welt und der Menschheit am meisten gebraucht werden. Wenigstens dürfte es einleuchten, dass solche Arbeitsgemeinschaften krisenfester sind als solche, in denen das Nützlichkeitsprinzip herrscht. Vielleicht ist wahre Brüderlichkeit im Wirtschaftsleben überhaupt nur in dieser Form möglich, letztendlich als Bewusstsein der Menschheit als Schicksalsgemeinschaft. *Claudius Weise*

beruf *4. April 2010 | email an Claudius Weise* Das klingt ja alles schön und menschlich. Aber das würde ja bedeuten, dass der Bürochef unrecht hat und man unter Umständen einen weniger qualifizierten Menschen vorziehen würde, weil er karmisch ›passt‹. — Es bedeutet aber nicht immer, dass durch die karmischen Bindungen ein Team gleich leistungsfähiger wird. Im Gegenteil. —

Oder, positiv gefragt: Was wären die Voraussetzungen dafür, dass dann nicht alle Unternehmen den Bach runter gehen? *Benjamin Kolass*

karma *5. April 2010 | email an Benjamin Kolass* Ich sag ja: man muss sich den Karma-Begriff dann genau anschauen. Man dürfte dann eigentlich nicht das persönliche Karma in Betracht ziehen, sondern gewissermaßen das der Arbeitsstätte. Die Gefahr besteht natürlich, sich im Vergangenen kuschlig einzurichten. Daran krankt, wie ich glaube, der Karma-Begriff, wie er heute verwendet wird. Eigentlich bedeutet Karma doch, vom Gestern wegzukommen, es als Sprungbrett zur Zukunft zu benutzen. Eben weil die Vergangenheit mangelhaft war, bringt sie das Karma hervor. Sich seiner Vergangenheit bewusst zu werden, kann doch nicht den Sinn haben, in sie zurückzukehren, sondern den, zu verstehen, wo man hin will oder soll. *Claudius Weise*

2011 *150 Jahre Rudolf Steiner |April 2010 | www* Auf einer Internetseite sind ab sofort Veranstaltungen, die einen Bezug zum Jubiläumsjahr 2011 haben, abrufbar. Anliegen ist das Sichtbarmachen der Impulse Rudolf Steiners für das 21. Jahrhundert, die den vielfältigen und unterschiedlichen Initiativen als gemeinsame Kraftquelle zugrunde liegen. Weitere Veranstaltungen werden gerne veröffentlicht. › *Vera Koppehel, Stephan Siber | kontakt@rudolf-steiner-2011.com | rudolf-steiner-2011.com*

focus *International Initiative Forum | april 5th to 9th 2010 | Dornach* ›There is a community of individuals who have agreed to re-imagine the world. Some have taken up their tools as craftsmen, sculpting and forming the substance of the earth. Some are grappling with the thought forms that hold us to the present image of the world, and are attempting to free these thoughts from their entrapment. Some are searching on hidden pathways for the heartland's language. They are all artists, and all have different tasks. They recognise each other as essential for the activity of reconstituting existence. All argument has ceased, and the roles played are recognised. This is a new sister-brother-hood. It seeks to bring the imagination of the future beyond the narrowness of the present picture by breathing heart heat into the ice of today to create the water of tomorrow...‹ Over the last 10 years, the Youth Section has been holding regular International Initiative Meetings. During this time, various individuals and numerous initiatives around the world have contributed to the expansion of a nameless network. In 2010, a slightly different kind of initiative meeting took place at the Goetheanum. It was born out of the meetings of the past, but aimed to make space for what is streaming towards us from the future. The meeting attempted to consolidate, strengthen and celebrate the existing active network. › *mail@youthsection.org | youthsection.org*

kaspar *2008-10 | Finland* Kaspar started from an idea of having a band that sings about Kaspar Hauser. We soon realised we had something that goes way deeper. It became a project where two musicians try to create a space where something could land. Forgetting I, me, mine and focusing on something new. We started with Kaspar Hauser, and what we have now is pretty much all we could have hoped for. We wished for a special first concert and got that at the Goetheanum in July 2008. With a little help from our friend Kaspar. › *Mikael Hakkarainen | jaanmikael@gmail.com | myspace.com/kasparband*

emerge *Die Geburt einer neuen Kultur und die Rolle der Zivilgesellschaft im 21. Jahrhundert | 25. April - 1. Mai 2010 | Naturreservat Mount Purro und Manila City, Philippinen* Sind Machbarkeitswahn und Fortschrittswut Gegenkräfte, Irrlichter unserer Zeit? Das soziale Leben erscheint als Schlachtfeld, das sich in unserer seelischen Zerrissenheit spiegelt. Kopenhagen hat gezeigt, dass alte Denkmuster den Krisen unserer Zeit nicht gewachsen sind, ob in der Wirtschaft, im Sozialen oder dem Klima. Diese Krisen sind wir selbst. — Wo finden sich Menschen, die über die Schwelle des Alltags treten, um dem anderen in seiner Andersartigkeit zu begegnen? – Gemeinsam wagen wir einen Schritt ins Abenteuer einer bewussten Kultur des 21. Jahrhunderts. Es ist an der Zeit, dass das Potential jedes Einzelnen in der Gesellschaft zum Ausdruck kommt. Die soziale Frage ist das Mysteriendrama – die Mysterienfrage ist das soziale Drama! — Ein intensives Training für junge kulturell Kreative; ein gemeinsames Forum für globale Vernetzung, eine Gelegenheit, sich zu begegnen, Ideen auszutauschen und die Werkzeuge für gesellschaftlichen Wandel zu erlernen, um unsere Zukunft zu gestalten. Mit jungen Menschen, die sich in den Bereichen Bildung, Kunst und soziale Medien engagieren. Sowie mit Orland Bishop, Nicanor Perlas, Walter Siegfried Hahn. › *Adrian Wagner* | *adrian.wagner@lebensfieber.de* | *emerge2010.tk*

bothmer *jeden Monat ein Wochenende* | *Stuttgart* Studiengruppe zu den Raumgeheimnissen der Bothmer Gymnastik mit Christophe Rogez. › *chartreskreis@googlemail.com*

ausstellung *13. Mai bis 3. Oktober 2010* | *Kunstmuseum Wolfsburg* Das zweiteilige Großprojekt greift ein Phänomen auf, das zu einem der spannendsten Kapitel der modernen Kunst- und Geistesgeschichte gehört: Bedeutende Künstler, angefangen von Wassily Kandinsky über Piet Mondrian bis zu Joseph Beuys, haben sich immer wieder mit der universellen Ideenwelt von Rudolf Steiner beschäftigt und daraus wertvolle Impulse für ihre Arbeit bezogen. — In einem ersten Teil behandelt die vom Vitra Design Museum zusammengestellte Ausstellung ›Die Alchemie des Alltags‹ das Wirken des bedeutenden Reformers im 20. Jahrhundert in Architektur, Design, Kunst und Gesellschaft. — Die vom Kunstmuseum Wolfsburg in Zusammenarbeit mit dem Kunstmuseum Stuttgart erarbeitete Schau ›Rudolf Steiner und die Kunst der Gegenwart‹ versucht, die universalistische Ideenwelt Steiners anhand der Werke von 15 Künstlern von heute aus neu aufzuschließen. › *Kunstmuseum Wolfsburg* | *kunstmuseum-wolfsburg.de*

farbe *ausstellung* | *11. Juni bis 31. August 2010* | *Goetheanum* Goethe zu Eckermann: ›Auf alles, was ich als Poet geleistet habe, bilde ich mir gar nichts ein. Es haben treffliche Dichter mit mir gelebt, es lebten noch trefflichere vor mir, und es werden ihrer nach mir sein. Dass ich aber in meinem Jahrhundert in der schwierigen Wissenschaft der Farbenlehre der einzige bin, der das rechte weiss, darauf tue ich mir etwas zugute. …‹ — Die Ausstellung ›200 Jahre Goethes Farbenlehre‹ haben Physiker, Kunstschaffende und Historiker zusammen erarbeitet. Vorführungen, künstlerische Installationen, Schautafeln oder Experimente zum Ausprobieren und Entdecken widmen sich der Wahrnehmung der Farbe, ihrer Entstehung aus Licht und Finsternis und der Farbe als Material, in ihrer Anwendung und in der Kunst. › *experimentfarbe.ch*

aufführung *12. und 13. Juni 2010 | Goetheanum* Erstes und Zweites Mysteriendrama Rudolf Steiners. Mit einer Einführung von Mechtild Oltmann und Bodo v. Plato. › *goetheanum.org*

tischlerei *14. Juni bis 15. August 2010 | Cottbus* In einer Zeit, in der das gesellschaftliche Leben immer weitgehender durch abstrakte Strukturen und Mechanismen bestimmt ist, wird die Besinnung auf die schöpferischen Kräfte im Menschen immer bedeutsamer, denn nicht Automatismen, sondern nur der Mensch selbst kann den Verhältnissen – immer neu – eine menschenwürdige Gestalt geben. Dieser Besinnung auf die menschlichen Kreativitätskräfte möchte das Freie Kunst-Seminar Raum bieten. Im Sommer 2010 soll ein erstes, zwei Monate langes Seminar durchgeführt werden. Unmittelbare menschliche Begegnung, in Gesprächen, gemeinsamer Textarbeit, Vorträgen und in künstlerischen Kursen und Projekten. Eine kooperative Zusammenarbeit zwischen Teilnehmern und Kursleitern in der Tagesplanung ist erwünscht. Auch ist individuelle Initiative der Kursteilnehmer gefragt. Aufführungen der erarbeiteten Schauspielszenen, Schwerpunkt in diesem Jahr: Don Carlos von Friedrich Schiller, und eine öffentliche Präsentation sollen das Seminar am Ende abrunden. › *Thomas Brunner | votiv@web.de*

stipendium *bis Juni 2010 | Dornach* Für das Herbst-Semester werden vom Goetheanum Stipendien vergeben. Sie bieten die Möglichkeit, an laufenden Forschungsprojekten in den Sektionen mitzuarbeiten und eine Teilfragestellung selbständig zu bearbeiten. Bewerben können sich alle Studierenden unter 32 Jahren, die die Grundlagen des Faches beherrschen und mit Anthroposophie vertraut sind. So ist Gelegenheit, Anthroposophie während sechs Monaten in einer aktuellen und relevanten Fragestellung zu vertiefen und am Forschungsumfeld des Goetheanum teilzuhaben. Die Themenstellungen reichen von Forschungen zu Rudolf Steiners Ansätzen einer sozialen Kunst über Resilienz-Erziehung in der Waldorfschule, Dreigliederung in der Wirtschaft bis hin zur anthroposophischen Faust-Rezeption. — Die Projekte werden von den Sektionsleitern oder deren wissenschaftlichen Mitarbeitern begleitet. › *Robin Schmidt | robin.schmidt@goetheanum.ch | goetheanum.org/799.html*

sense *festival | June 15th to 20th 2010 | Järna, Sweden* The concept of sensing has been a guiding principle in the shared learning environment of the Youth Initiative Program in Järna. I.e. the sense to rise to a certain level of awareness, the sense to be able to see, touch, taste, smell and feel what the world is calling to do each day, in order to bring own initiatives into being. Or the sense of why you are on this earth, what you came here to do, and how you could go about doing it. The festival wants to inspire towards a new cultural movement, where diversity, wholeness, consciousness and empowerment comes alive in community. The sunset will be at 10 p.m., sunrise at 3.30 a.m. › *info@sensefestival.se | sensefestival.se*

ökonomie *tagung | 18. bis 20. Juni 2010 | Heidelberg* Wie kann die Herrschaft der ökonomischen Rationalität überwunden werden? – Bildungswesen, Berufsleben und alltägliche Lebenswelt werden heute in einem solchen Ausmaß durch das Medium Geld oder durch staatliche Administration gesteuert, dass nicht nur der eigene Sinn von Bildung und Arbeit, sondern auch der Sinn und die Wertigkeit des ›eigenen Lebens‹ jedes Menschen zunehmend ausgeblendet werden. Ein wesentlicher Ansatz, um dieser verheerenden Tendenz unserer Zeit entgegen zu treten, ist die Erweiterung und Transformation des abgehobenen und verselbständigten Verstandesdenkens hin zu einem umfassenden geistigen Erkennen. — Mit Vorträgen von Thomas Brunner, Stephan Eisenhut, Corinna Gleide, Ralf Gleide und Johannes Mosmann. › *Corinna und Ralph Gleide | info@dndunlop-institut.de | dndunlop-institut.de*

terrassenfest *19. Juni 2010, 10 bis 17 uhr | Haus Duldeck bei Basel* Das Rudolf Steiner Archiv hat geöffnet, vom Keller bis zum Dachgeschoss. Mit einer Führung von Walter Kugler, einer Filmpräsentation über die Goetheanumbauten von Christiaan Stuten, dem ArchivQuiz, der GA, neu und antiquarisch, Eurythmiefiguren, Bilderrahmen, Rudolf Steiners Lieblingskuchen und besonderen Kleinodien. › *Vera Koppehel | archiv@rudolf-steiner.com | rudolf-steiner.com*

arbeit *›Zukunft der Arbeit – Karma des Berufs‹ Kongress der Anthroposophischen Gesellschaft in Deutschland | 24. bis 26. Juni 2010 | Bochum* ›Das Leben der Menschen wird so kompliziert werden in nicht zu ferner Zeit, dass das Wort ›Beruf‹ eine ganz andere Bedeutung annehmen wird. ›Beruf‹ wird immer mehr werden, zu dem man berufen wird durch den objektiven Werdegang der Welt.‹ Rudolf Steiner, GA 172 — Was wir benötigen, ist ein neues Verständnis von Arbeit und Einkommen, von Beruf und Berufung. Können wir uns gegenseitig anregen, das zu tun, was wirklich zu tun ist? — Der Kongress will Arbeitsrichtungen und Praxisfelder aufzeigen, diskutieren und Mut machen, auch neue, unkonventionelle Wege einzuschlagen. Bestandteile des Kongress sind Vorträge, Plenen, Arbeitsgruppen, Jugendforum, Nachtcafé, Markt der Möglichkeiten, künstlerische Performances, dezentrale Foren, Johannifeuer und sehr viel mehr! › *Michael Schmock anthroposophische-gesellschaft.org*

bridge *youth conference | July 1th to 9th 2010 Odessa* ›Remember the snake in honour‹, said the man with the lamp; ›thou owe her thy life; thy people owe her the bridge…‹ What unites me with the world and with other people? The same sun shines on us, we breathe the same air, walk on the same earth… But why do we feel so isolated? Why can we understand neither the world, nor other people, nor ourselves? Is there at all a possibility to overcome the abyss separating us from the world and from ourselves? Is it possible to build a bridge? And if yes, then how? Since seven years, youth conferences take place in Odessa. They are like bridges between people, cities and countries, between generations. They help to see what is there on the opposite shore. This year we will work with J. W. Goethe and with his tale ›The Green Snake and the Beautiful Lily‹. We plan workshops with arts, gymnastics and with themes like: Three kings, Fruits of the Earth, Mystery Dramas etc. › *odessaconf@ukr.net*

aufführung *26. und 27. Juni 2010 | Goetheanum* Drittes und Viertes Mysteriendrama Rudolf Steiners. Mit einer Einführung von Vicke von Behr und Bodo v. Plato. › *goetheanum.org*

training *9. und 10. Juli 2010 | Kreuzberg* Tage der offenen Tür beim Schauspielstudium in Berlin-Kreuzberg. Das Michael Tschechow Studio hat geöffnet. › *Beate Krützkamp | office@mtsb.de | mtsb.de*

sommeruniversität *12. bis 18. Juli 2010 | Cottbus* › *thomas brunner | kontakt@freiebildungsstiftung.de freiebildungsstiftung.de*

call for summer *Puolukka Ensemble | 19th - 27th July 2010 | Lahti, Finland* We invite you to set in motion an intensive week of singing, moving, thinking, creating and being together. All singers invited. ›Singers‹ means for us also actors, filmmakers, movers and shakers, painters, cooks, thinkers, and, yes, social artists, too, that are interested in concentrating for one week on singing. We envision a collaborative art-piece, whose centre would be the human improvised voice. We ask what is the connection between thinking and improvising? How can images help create a space into which one can sing? How could I completely serve the greater aspect of a group and maintain my own independence? How could we awaken to the reality of the ever-flowing unheard melodies, to the sweetness and fullness of sound, to the continuity of movement? — ›Ensemble‹ names our wish to allow an open space for participants to prepare a workshop, or give an artistic contribution. And also the intention to eventually work towards a performance. — With Sinikka Mikkola, voice and improvisation teacher from Sweden. *› Teija Englund, Faye Shapiro | teijaenglund@gmail.com, fayeshapiro@gmail.com | sangforum.com*

mysteriendrama *bist du! tagung | 24. bis 28. Juli 2010 | Dornach* ›Karma-Bewusstsein entsteht durch die neuen Mysterien im täglichen Leben.‹ — In alten Zeiten hatte der Mensch das Bedürfnis nach äußeren Tempeln. Heute sind die Tempel geistig überall vorhanden, und jeder, der will, kann sie finden. Ein Schlüssel, um den Tempel für jeden in seiner spirituellen Entwicklung zu öffnen, können die Mysteriendramen sein: Ich öffne die Pforte der Einweihung / Ich erlebe die Prüfung der Seelen / Ich treffe meinen Hüter der Schwelle / Wir leben das Erwachen der Seelen. — Die Dramen spiegeln Menschen, die miteinander auf einem spirituellen Entwicklungsweg sind. Die Jugendsektion lädt ein, diese Charaktere kennen zu lernen, Fragen, Freuden, Verzweiflungen und Erkentnissse mit ihnen zu teilen. Ein offener Raum, um Themen wie Karma, Reinkarnation, moderne Wege der Einweihung, geistige Erlebnisse und Welten zu bewegen! — Plenum mit den Schauspielern, Szenen lesen, Kurzaufführungen, Karmacrossing, Arbeitsgruppen, in der anschliessenden Woche alle vier Mysteriendramen anschauen. *› Martin Stenius martin@youthsection.org | mysterydrama.org*

aufführung *29. Juli bis 1. August 2010 | Goetheanum* Die vier Mysteriendramen Rudolf Steiners. Mit englischer und französischer Simultanlesung sowie Vorträge und Demonstrationen. › *goetheanum.org*

woche *mit Orland Bishop | 30. Juli bis 6. August 2010 | Stuttgart* Die Kunst des Wir – oder: Wie kommt das Neue in die Welt? — Auf den Philippinen findet das internationale youth training ›Emerge!‹ statt – eine Woche Dialog, kreative Gestaltung und gemeinsame Arbeit. In L.A. das meet up ›Watts possible!?‹, das Zukunft und Wandel in tiefer Begegnung entstehen lassen will – an einem Ort, an dem die Hoffnung jeden Tag stirbt, um wiedergeboren zu werden: im Ghetto von Watts. Und das sind nur zwei Wendungen einer vitalen und wachsenden Bewegung, aus der ich die Frage höre: Wie kommt das Neue in die Welt? Dieses Neue meint etwas ganz Bestimmtes, Lebendiges, Heilendes. — Es wird in dem Raum zwischen Dir und mir, zwischen Mann und Frau, Kind und Erwachsenem, Ich und Welt, zwischen uns und dem, was wir tun, geboren. Eine Liste von Beziehungen, die noch viel, viel länger ist. Dieses Neue wird geboren, wenn das ›Zwischen‹ aufhört, ein Zwischen zu sein – wenn wir von ›einem Wir‹ sprechen können. — Dieses ›Wir ist eine Kunst‹. › *jannis keuerleber | jannis.keuerleber@gmx.de | trainingswoche.de*

ideen erfahren *1. bis 15. August 2010* Eine Radtour zu Orten in Deutschland, an denen Ideen für eine nachhaltige Entwicklung erlebbar werden. Sie soll zeigen, dass ›Zukunft‹ nicht einfach passiert, sondern von jedem gestaltet werden kann. Beim Radfahren können die Teilnehmer die erlebten Ideen reflektieren und ihre eigenen weiterentwic-keln. — Die Stationen können vorgeschlagen werden. Am Ende der Tour wird ein ›Tag der Ideen‹ stattfinden. › *Dan-Felix Müller | dfm@i-ev.de i-ev.de | tagderideen.de*

lebensunternehmertum *bis 15. August 2010 | Dornach* Was ist erstrebenswerter, als die geistige Produktivität des Menschen zu ermöglichen und zu fördern? — So möchte die Stiftung Evidenz junge Menschen fördern, die im weitesten Sinne tätige Unternehmer werden und auf verschiedensten Arbeits- und Aufgabenfeldern Lebensfragen durch und mit Anthroposophie vertiefen wollen. — Es werden jährlich bis zu drei Stipendien oder Teilstipendien an junge Menschen bis 35 Jahren vergeben, zu maximal CHF 12.000. Voraussetzung für eine Bewerbung ist ein konkretes Projektvorhaben und die Fähigkeit, dieses selbständig umzusetzen. Für das Projekt wird eine eigenständige Frage- und Themenstellung auf wissenschaftlichem, künstlerischem, wirtschaftlichem oder sonstigem Felde vorausgesetzt. Eine Begleitung des Projekts durch einen Mentor und eine Präsentation der Ergebnisse wird erwartet. Unterlagen zur Bewerbung: kurzer Lebenslauf, Beschreibung des Projekts. › *Rolf Kerler, Anneka Lohn, Heinz Zimmermann | Stiftung Evidenz, c/o Anneka Lohn, Dorneckstr. 11, CH-4143 Dornach*

moral *Sommerkurse | 14. bis 28. August 2010 | Weimar* Thema: ›Moral in unmoralischen Zeiten. Die Suche nach ethischen Orientierungen in Philosophie, Literatur und Kunst‹. Die Teilnehmer können verschiedene Kurse wählen, bekommen Zugang zur Weimarer Kulturszene und zu Kulturorten vom Goethe-Nationalmuseum bis zu den Bauhaus-Werkstätten. › *Hildegard Kurt | info@sommerkurse-weimar.de | sommerkurse-weimar.de*

der zerbrochene krug *5. bis 22. August 2010 | Dessau-Rosslau* Freichlichttheater im Hof der mittelalterlichen Burg Rosslau, mit Studenten und Dozenten des Michael Tschechow Studio Berlin. › *Benjamin Kolass | theaterburg@googlemail.com | theaterburg-rosslau.de*

yip *New Course | starting August 22nd 2010 | Järna, Sweden* ›youth initiative program‹. One year social entrepreneur training for people aged 18 to 25 who want to create a positive change in the world. In the program youth work with international experts, doers and innovators, who give an overview of current global issues, challenges we face in society, and encourage an active role in the big picture. In addition to engagements at local organizations the curriculum includes a four-week internship abroad. › *reinoud meijer | info@ yip.se | yip.se*

sommeruni *Evolution – Natur – Agrarkultur | 23. August bis 3. September 2010 | Dornach und Lötschental* Lebensforschung ist Beteiligungsforschung. – Wie werde ich Forscher im Lebendigen? — Seminare, Beobachtungsübungen und Exkursionen. — Es werden die Grundlagen einer goetheanistisch-anthroposophischen Wissenschaftsmethode erarbeitet. In der zweiten Woche wird die Arbeit im Wallis mit Exkursionen und Projekten vertieft. › *Forschungsinstitut am Goetheanum | science@goetheanum.ch | forschungsinstitut.ch*

economics *16 to 19 September 2010 | L'Aubier, Neuchatel, Switzerland* This year's meeting will consider the mission of folk souls. The precise theme has yet to be finalised but will be linked to the centenary of the impulse behind the 1910 lecture cycle. Having looked last year at the implications of true pricing and association for many aspects of modern economic life, we would next like to consider the way in which the rights life today facilitates (or impedes) the way in which individuals and even peoples, alone or collectively, can take initiative and be directly responsible for economic life. — This will again be a research gathering with attendance limited to 20, so please be sure to book early! › *Marc Desaules and Christopher Hougthon Budd | economics@goetheanum.org economics.goetheanum.org, aubier.ch*

studienwoche *20. bis 24. September 2010 | Dornach* Die Woche steht am Beginn des Studienangebots im Herbst. Alle interessierten Menschen sind eingeladen, das Goetheanum mit seiner Geschichte, seinen Möglichkeiten und Facetten, die Anthroposophie, das Hochschulkollegium und den Vorstand kennen zu lernen. Das Goetheanum bietet verschiedene Studiengänge. Sie werden als Intensivkurse oder als berufsbegleitende Kursreihen an Wochenenden angeboten. › *Studium und Weiterbildung am Goetheanum | studium@goetheanum.ch | goetheanum.org*

der staat *Philosophicum | 22. bis 26. September 2010 | Lech, Österreich* Wie viel Herrschaft braucht der Mensch? › *Konrad Paul Liessmann | philosophicum.com*

aufführung *27. Dezember 2010 bis 1. Januar 2011 | Dornach* Die vier Mysteriendramen durch und von Rudolf Steiner. Diesmal mit holländischer Simultanlesung. › *goetheanum.org*

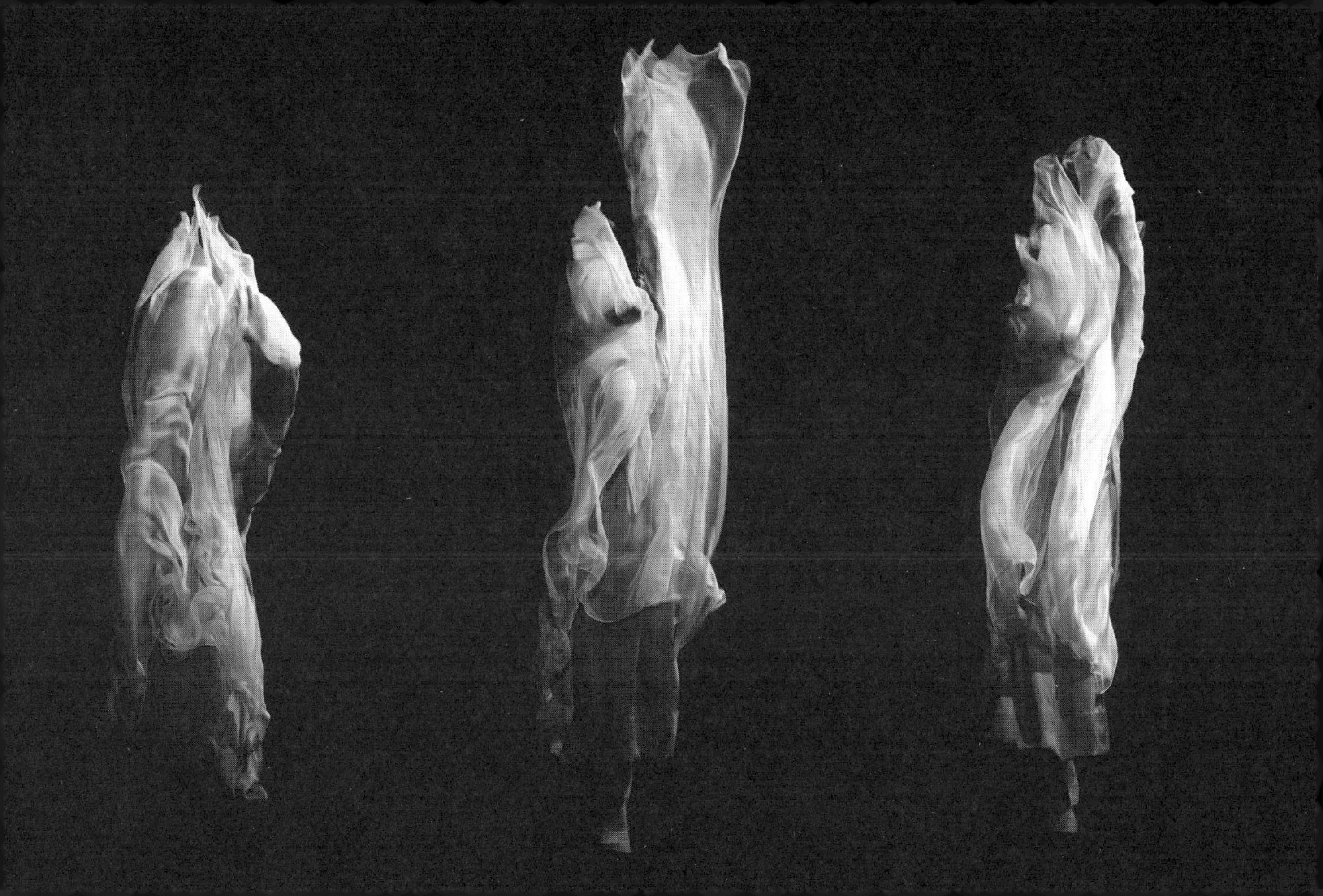

Anna Inderfurth geboren 1982. Waldorf- und Theaterpädagogik. Interessiert an zwischenmenschlicher Chemie, besonders im Strassentheater und in der Liebe, und an allgemeiner Physik im Tanz und in den Farben. **Benjamin Kolass** geboren 1975 in Schwaben. Nach sparsamem Umgang mit Worten Gründung des projekt.zeitung. Studium Germanistik, Geschichte und Kulturmanagement in Berlin und Dornach. Öffentlichkeitsarbeit und Geldbeschaffung für Theaterprojekte. Letzte Produktion: Schillers ›Räuber‹. **Bodo v. Plato** geboren in Norddeutschland. Arbeit mit Schwerbehinderten. Studium Geschichte, Philosophie, Waldorfpädagogik in Deutschland, Österreich, Frankreich. Lehrer an einer Steiner-Schule in Paris. Sozio-kulturelles Projekt in Angers. Aufbau der Forschungsstelle Kulturimpuls in Heidelberg. Seit 2001 Vorstandsmitglied am Goetheanum. Verheiratet, drei Kinder. **Christine Baur** geboren 1972. hamburg, münchen, abitur. istanbul, glasgow, kiew, indien, srilanka, nepal, finnland, st. petersburg, baltikum, paris, provence, krakau, kappadokien, sao paulo, barcelona. studienjahr novalis hochschulverein, philosophie und indische kunstgeschichte, fu berlin, bildende kunst, udk berlin. **Claudius Weise** geboren 1971. Studium Germanistik und Philosophie in Berlin. War freier Mitarbeiter bei Info3, Dozent am Michael Tschechow Studio Berlin, Hospitant bei Andrea Breth und künstlerischer Leiter des Burgtheatersommers Rosslau. Assistent von Jobst Langhans und Regisseur, 2009 Inszenierung von Goethes ›Faust II‹ mit Waldorfschülern. Momentanes Wirkungsfeld: Forum Theater in Stuttgart. **Corinna Gleide** geboren 1964 in Göppingen. Studium der Germanistik, Anglistik und Pädagogik. Forschungsarbeit zur Verbindung von Denken und Imagination. Tätig in anthroposophischer Erwachsenenbildung. Mitbegründung des D. N. Dunlop Instituts. Sozialforschung und Beratung in Eberbach. Stiftungsrat der Freien Bildungsstiftung. **Curro Martino Cachinero** geboren 1986 bei München. Als bayrischer Halbspanier wurde er früh zum Weltmann. Schule in Osnabrück und Madrid. Auf Tramptouren sind Steiner-Taschenbücher bald stetiger Begleiter. Landung im Jugendseminar Stuttgart. Immatrikulation an der Kunstakademie diente nur kurz als Ankerpunkt. Heute im Hafen von YIP in Schweden, den er häufig verlässt. Gerade in Tibet. **Dirk Kruse** geboren 1958. Verheiratet, vier Kinder. Lebt naturverbunden in der Lüneburger Heide. Erarbeitet das ›Seelische Beobachten‹ auf Grundlage von Rudolf Steiners Schulungsweg zu einem methodischen Schwerpunkt in der Organisationsentwicklung. **Elisabeth Taraba** geboren 1992. Sonne im Löwen. Schülerin der Waldorfschule Leipzig. Viele Schwestern. Sucht nach Inhalten, mag kein Lala. **Faye Shapiro** Touristin. Geboren, gefuttert, bedingt – Jerusalem. Ausgebildet, angebrannt, anverwandt – Basel. Aufgerichtet, ausgeglichen, angekommen – New York. **Gottfried Stockmar** geboren 1954. Waldorfschule, Ausbildung zum Heilerzieher und langjährige Arbeit in der Heilpädagogik. Mitarbeit in der Anthroposophischen Gesellschaft. Mitbegründung des ›Seminars für Anthroposophie‹ in Hamburg. Freie Dozententätigkeit im Waldorflehrerseminar in Hamburg. Aufbau eines ›Freiraumprojektes‹ in Hugoldsdorf, Vorpommern. **Heinz Zimmermann** geboren 1937 in Basel. Doktorat: ›Zu einer Typologie des spontanen Gespräch‹. Assistent, später Lektor für Sprachwissenschaft an der Uni Basel bei Walter Muschg. 25 Jahre Oberstufenlehrer an der Rudolf Steiner Schule Basel. Leitende Mitarbeit am Lehrerseminar Dornach. Ab 1988 Vorstand am Goetheanum, 2008 Rücktritt. 1989 bis 2001 Leitung der Pädagogischen Sektion, 1995 bis 2000 der Jugendsektion. Mitverantwortlich für ›Studium und Weiterbildung am Goetheanum‹. **Jana Würker** 1981 zwischen Jungfrau und Waage geboren. Studium an der Alanus Hochschule: Sprache und Schauspiel. Zwei Jahre ›Las Kaspas – das lebendige Figurentheater‹. 2008 für das große Spiel in die Schweiz. Durch therapeutisches Aufbaustudium Bühne nach innen verlegt. 2010 Ausdruck suchend, zur Zeit in Bern. **Johann Sommer** geboren 1984 in der Dürerstadt Nürnberg. Will Büffel züchten um die Indianer zu retten. Lernbegieriger Waldorfschulabbrecher. Kreativer Kunstschulboykotteur. Beflissener Freiheitsphilosoph, aber Eurythmieanwärter. Verehrt Steiners Gestaltungsformen, ist aber verliebt in Marie – und spricht ihr alles nach. **Johann W. Goethe** geboren 1749. ›Wir sehen bereits den sechs-, siebenjährigen Knaben zusammentragen geologische Stoffe, um sie auf ein Notenpult zu legen und dem großen Gott der Natur einen Altar zu bauen. Wir sehen, wie er ein Räucherkerzchen auf diesem Altar befestigt und sich Licht nun nicht auf die gewöhnliche mechanische Weise macht, sondern mit einem Brennglas die Strahlen der ersten Morgensonne auffängt, um so ein Feuer sich zu entzünden, das er dem großen Gotte der Natur darbringt.‹ Nach Rudolf Steiner, GA 172 **Johanna Friederichs** geboren 1987. Waldorfschule in Hannover und Bielefeld. Nach sozialtherapeutischem Praktikum studiert sie Film- und Erziehungswissenschaft in Mainz. Da sie die Universität nicht weiterbringt, wechselt sie zum Individualstudium ans Goetheanum. Derzeit Ausbildung zur rhythmischen Masseurin. **Johanna Taraba** Ich habe 1991 ein mir inzwischen unbekanntes Ufer verlassen und segle seitdem über verschiedene Meere. Zur Zeit befinde ich mich auf dem Waldorf-Abiturus. In welchem Hafen ich anlegen werde, ist ungewiss, derzeit steuere ich Richtung Priesterseminar. **Johannes Nilo** geboren 1973. Studium Malerei, Slavistik, Deutsch, Religionsgeschichte und Philosophie in Stockholm, Moskau und Heidelberg. Drei Jahre freier Mitarbeiter am Hardenberg Institut mit einem Forschungsprojekt zum Seelenbegriff in Rudolf Steiners Frühwerk. Tätig in der Dokumentation am Goetheanum und als Herausgeber im Rudolf Steiner Archiv. Verheirateter Hobbykünstler. **Johannes Voigt** geboren 1981 in Arlesheim. Schulbesuch an der Ostsee. Zivildienst in der Gegend der Grabeskirche Christi. Trieb sich sieben Jahre wandernd durch die Welt. Die Rast am Goetheanum nutzte sein Schicksal und machte ihn zum Ehemann und Vater. Die Bindung an einen Ort belebt sein Wandern im Geiste. **Jonas von der Gathen** geboren 1983 im Zigeunerwagen. Kommunikator u.a. in folgenden Spielzusammenhängen: projekt.zeitung, Jugendsektion, Karmarunde, Bothmer Schulung, AGiD, Nord3, eos, Initiativkonto, Individualstudium Goetheanum.

Jostein Sæther geboren 1954 in Norwegen. Studium Anthroposophie, Waldorfpädagogik und bildende Künste in Järna. Kunsttheorie am University College of Arts, Crafts and Design in Stockholm. Heilpädagogik. Bis 1995 tätig als Farbgestalter, Ausstellungsdesigner, Dozent für Malerei, Farbenlehre und Ästhetik und Publizist. Nach einem Burnout zurück zu Karmaübungen Rudolf Steiners. Karmische und geistige Erkenntnisse, forschend und beratend zu geistiger Schulung, karmische Autobiographie ›Wandeln unter unsichtbaren Menschen‹. Lebt im Saarland, ist verheiratet und hat fünf Kinder. **Kai Rasmus Nissen** geboren 1984 in Flensburg. Waldorfschule Kiel. Trampend, wandernd, reisend den Heimatkontinent und schreibend sich selbst erkundend. Zwei Jahre Studium Islamwissenschaft in Erlangen, zuletzt Auslandsjahr in Pakistan und Indien. **Mechtild Oltmann** geboren 1939 in Mitteldeutschland. Nach dem Krieg Flucht nach Niedersachsen. Schulzeit, Abitur und Ausbildung zur Buchhändlerin in Hannover. Studium der Psychologie begonnen in Heidelberg und Freiburg. Seit 1971 Priesterin in der Christengemeinschaft, seit 1976 in Berlin. **Monika Clément** geboren 1948. Vorstandsassistenz am Goetheanum. Alt-68erin, vierfache Mutter, Familien-Managerin, spirituelle Sucherin. Berufsspots: Verlagswesen, Journalismus und selbständige Werbeberatung. **Natascha Neisecke** geboren 1983. Tübingen/Dornach. Medizinstudentin. Bei der psychiatrischen Anamneseerhebung verschafft man sich ein Bild über die Orientiertheit eines Patienten, d.h., wie er mit seinem Ich in Zeit und Raum präsent ist. Obenstehende Koordinaten: zeitlich, örtlich, situativ und zur Person, sollten daher reichen. **Pablo Grassi** 1989 in Buenos Aires erster Blick auf diese Erde. Mit tausend Jahren Verspätung versucht er ein Ritter zu sein – kämpfend zwischen Natur und Kultur. Waldorfschule und Jagderfahrungen in Argentinien. Am Bodensee Landwirtschaft. Am Goetheanum Füchse und Rehe. In Heidelberg Philosophie und Abitur. Studiert Denksport und Biologie in Freiburg. **Paul Mackay** geboren 1946 in Hongkong. Wirtschaftswissenschaften in Rotterdam und Business Administration in Fontainebleau. Der Tätigkeit im internationalen Bankwesen folgt die Begegnung mit der Anthroposophie. Von 1977 bis 2002 tätig im anthroposophischen Bankwesen u.a. als Mitbegründer und Direktor der Triodos Bank und als Vorstand der GLS-Bank - ab 2007 Vorsitzender des Aufsichtsrats. 1996 Vorstand der Allgemeinen Anthroposophischen Gesellschaft seit 2000 Leiter der Sektion für Sozialwissenschaften am Goetheanum. Verheiratet, drei Kinder. **Philip Kovce** geboren 1986. Studiert Wirtschaftswissenschaft, Philosophie und Kulturreflexion an der Universität Witten/Herdecke und ist verschiedentlich mit dem Wort und dessen schriftlicher Erscheinung befasst. **Philip Stoll** geboren 1988. Erste Lebensfrage: ›Welt retten oder Flöte spielen?‹ – Flöten! Dann zwei große Kriege: Waldorfschule und Jugendseminar. Dazwischen Umgang mit Kunst und Natur. Zuletzt verspäteter Militärdienst bei YIP: Ausbildung zum Weltbauarbeiter. **Philipp Tok** geboren 1982 nahe Nietzsche. Fassadenmaler, Innenraumgestalter und Fensterputzer, auch im Gerüstbau tätig. Unter anderem für: projekt.zeitung, anderzeit.com, Rudolf Steiner Archiv, Goetheanum, Freie Bildungsstiftung, AGiD. Gastmahler u.a. in Ali-Seppälä, Hugoldsdorf, Bochum, Arlesheim, Wien, Nord3. **Rudolf Steiner** 1861-1925. Goetheforscher, Philosoph, Schriftsteller und Literaturkritiker. Später Hebamme der Anthroposophie, Schulgründer, Künstler und Sozialreformer. Er hat immer wieder Bestehendes auf den Kopf und Zukünftiges auf die Beine gestellt. Mit äußerster Intensität arbeitete er im Zeitalter des Materialismus für eine Weltanschauung, in der der Zusammenhang von Mensch und Kosmos wieder neu in den Mittelpunkt des Bewusstseins gerückt wurde. Heute gilt er als einer der einflussreichsten und zugleich umstrittensten Reformer des 20. Jahrhunderts. **Robin Schmidt** geboren 1974. Leitung der ›Forschungsstelle Kulturimpuls‹ am Goetheanum mit Forschungs- und Publikationsprojekten zur Geschichte der Anthroposophie. Kurstätigkeit am Goetheanum zu Grundlagen der Anthroposophie und Philosophie. Verheiratet, drei Kinder. **Roland Halfen** geboren in Dortmund. Studium der Philosophie, Kunstgeschichte und Archäologie in Freiburg und München. Tätig am Rudolf Steiner Archiv als Herausgeber des künstlerischen Werkes von Rudolf Steiner. Daneben Autor von Publikationen zur Kunstgeschichte, besonders Chartres, zur Æsthetik und Gegenwartskunst. **Thomas Parr** Geschäftsführer der Goetheanum-Bühne. Studierte Theater- und Musikwissenschaft. Arbeit als Dramaturg, Presse- und Marketingdirektor, Regisseur und künstlerischer Leiter u.a. in Nürnberg, Braunschweig, Lübeck, Erlangen, Hof und Uelzen. Er promovierte 1992 über ›Eurythmie - Rudolf Steiners Bühnenkunst‹. **Vera Koppehel** geboren 1971. Arbeitet im Rudolf Steiner Archiv bei Basel/Schweiz. Organisiert u.a. Ausstellungen, Forschungstage für junge Wissenschaftler, Führungen und Seminare zu ›Anthroposophie heute‹. Als Eurythmistin zur Zeit mit dem Programm ›der sechste tag‹ auf Tournee. **Wilfrid Jaensch** geboren 1941 in Polen. Studium der Philosophie, Literatur und Soziologie. 1977 Selbstkritik und gezielter sozialer Abstieg. Hilfsarbeiter im Tief- und Strassenbau Baselland und im Gartenbau in Australien. 1984 Ende des ›eigenen‹ Lebens und Mitarbeit im ›Orden der Neuzeit‹. Seit 1986 in Berlin, Dozent am Seminar für Waldorfpädagogik. Publikation im Verlag am Goetheanum: u.a. ›Die Ordensregeln der Neuzeit‹ und – gerade erschienen – ›Was ist die wahre Natur des Ich?‹. Eigene Frage: ›Wie hängt Philosophie mit Magie zusammen?‹ **Wolf-Ulrich Klünker** geboren 1955. Promotion in Theologie und Sozialpädagogik. Begründer der DELOS-Forschungsstelle für anthroposophische Seelenwissenschaft. Leitung der Turmalin-Stiftung. Veröffentlichungen zur Anthropologie, christlichen Geistesgeschichte, Psychologie und Psychotherapie. **Wolfgang Held** geboren 1965. Vater dreier Töchter. Studierte Waldorfpädagogik und Mathematik in Witten. 14 Jahre in der Mathematisch-Astronomischen Sektion und jetzt am Goetheanum für Kommunikation zuständig. Herausgeber des Sternkalenders, publiziert in Zeitschriften zu anthroposophischen und astronomischen Fragen und zur Figur des Benedictus.

projekt.zeitung *seither erschienen*

identität zwanzig junge Menschen sprechen über die Frage: ›Was ist das, was zu sich Ich sagt?‹ | idem – ein junges Netzwerk arbeitet an der globalen Gemeinschaft | Dezember 06
ISBN 978-3-941667-01-3

bildung ›zeuge des nicht-wissens – Joachim Daniel über Sokrates | bildung.reise – Bukarest, Kenia und Deutsche Bahn | captura – Portrait einer ungewöhnlichen Schulinitiative | April 07 | *vergriffen*

menschenwürde ›was ist die würde des menschen?‹ – zehn junge Menschen und die Priester Mechtild Oltmann und Andreas Laudert im Gespräch | nah.ost – Eindrücke und Geschichten aus Israel und dem Westjordanland | Juli 07 | ISBN 978-3-941667-03-7

was ist an der zeit? vierzehn Menschen schreiben zu einer Frage – J. Nilo, K. Ludwig, R. Schmidt, S. Brotbeck, T. Brunner, U. Dietler u.a. September 07 | *vergriffen*

adventskalender 07 24 Gedanken, Reflektionen, Bilder, Ornamente, Blicke, Gespräche, Aphorismen, Berichte | Dezember 07 | *vergriffen*

68 war 67 Gespräch mit Rainer Langhans, Kommune I – ›Das, behaupte ich, ist der eigentliche Inhalt des '68er-Gefühls gewesen: die Frage, wie man ein neuer Mensch werden kann.‹ | April 08 | ISBN 978-3-941667-06-8

pakistan Praktikums- und Reisebericht einer jungen Frau aus dem ›gefährlichsten Land der Welt‹ | Juli 08 | ISBN 978-3-941667-07-5

world initiative diary Sonderheft zum Jugendtreffen ›festival.forum‹ am Goetheanum Berichte von Initiativen weltweit | Juli 08
ISBN 978-3-941667-08-2

æsthetische erfahrung A. Steffen, B. v. Plato, C. Haid, F. Hölderlin, F. Nietzsche, G. Stockmar, J. Bockemühl, J. Kiersch, R. Steiner, St. Brotbeck, W. Benjamin, W.-U. Klünker u.a. September 08 | ISBN 978-3-941667-09-9

adventskalender 08 ›sterne sprachen einst zu menschen, ihr verstummen ist weltenschicksal‹ – C. Baur, C. H. Budd, H. Arendt, M. Jacobi, Novalis, P. Sloterdijk, R. M. Rilke, S. Brotbeck, V. Koppehel, W.-U. Klünker u.a. Dezember 08 | ISBN 978-3-941667-10-5

deduschka Achim Hatzius – Menschen und Architekturen – Fotografien Moskau Dornach – Katalog zur Ausstellung im Rudolf Steiner Archiv bei Basel, mit der Nachschrift eines Vortrags von Roland Halfen | Februar 09
ISBN 978-3-941667-11-2

menschenbilder 19 Portraits junger Menschen, 30 Thesen zur Jugend | Juli 09 | *vergriffen*

adventskalender 09 erdenbilder – von A. Worden, F. Shapiro, A. de Saint-Exupéry, A. v. Humboldt, Kaspar, R. Steiner, M. Yunus, Novalis, G. Deleuze, F. Marc, W. Jaensch, F. Nietzsche, T. Däubler u.a. | Dezember 09
ISBN 978-3-941667-13-6

bestellen
info@projektzeitung.org

projekt.zeitung
wichertstr. 44 | 10439 berlin

projektzeitung.org